TATANE

50 IDÉES JOYEUSES POUR CHANGER LE FOOT

Illustrées par Néjib

GALLIMARD

Avec la précieuse collaboration de :

La section foot du lycée Pierre de Coubertin de Meaux
La Fédération sportive et gymnique du travail (FSGT)
L'Association nationale des supporters (ANS)
La Fédération française de football (FFF)
La Fédération française de la lose
L'association Fight for Dignity
L'association Diambars
L'association Eloquentia
Les Sportives Magazine
Le Red Star FC 93
Le Centquatre
Panenka
So Foot
Voxe.org

Déjà paru :

TATANE – POUR UN FOOTBALL DURABLE ET JOYEUX
Illustré par Pénélope Bagieu, Charles Berberian,
Bouzard et Jul

N° d'édition : 330562
Dépôt légal : mai 2018
ISBN : 978-2-07-510175-2
Imprimé en Espagne par Tipolínea-Grupo Edelvives
Première édition

PEFC
PEFC/14-38-00198
Promoviendo la gestión forestal sostenible
www.pefc.es

RÊVER EN RÉALISTES : POUR QUE LE FOOTBALL RESTE UN JEU

Le Livre blanc est devenu un passage obligé pour nombre d'institutions du sport. Plusieurs ont servi de base à des sessions de travail du foot français, ainsi qu'à ses États généraux, la dernière fois à l'automne 2010. Le plus souvent, il s'agit d'un document austère, en noir et blanc, synthèse d'idées souvent déjà ressassées mais rarement suivies d'effets, car incantatoires et sans possibilité de mise en œuvre immédiate par les pratiquants de tous âges. Un document qui conduit chaque fois à un constat, implacable : les différentes contributions émanent d'un même type de profil bien connu du monde associatif et de la société française patriarcale, celui de l'homme providentiel dans la fleur fanée de l'âge, sportif pratiquant du siècle passé, perdu comme beaucoup dans les multiples et profonds changements de la société.
C'est dans ce contexte que le mouvement Tatane s'est créé, en 2012, afin notamment de tenter de répondre, à son niveau, dans la joie de vivre et la bonne humeur, aux questions suivantes : comment proposer de nouvelles idées pour changer les pratiques de son sport favori, en partant d'abord de l'expérience de celles et ceux qui le vivent encore avec amour ? N'y aurait-il pas des approches complémentaires de terrain à initier, dans et hors des clubs, durables et joyeuses, pour offrir des solutions concrètes, simples et immédiatement réalisables pour (re)faire du football une « machine à fabriquer du lien social » ?
Depuis cinq ans, la Fédération française de football fait sa mue, à son rythme et plutôt à vive allure, d'ailleurs. De son côté, dans les rues et les quartiers, Tatane crée de nouvelles règles avec de nombreux groupes, joue au foot et développe des pratiques inclusives qui changent les perspectives : rencontres, tournois, débats, ateliers, matchs-concerts, papyfoot… Après un premier livre publié en 2014 (*Tatane - Pour un football durable et joyeux*) est donc née l'idée de proposer un livre « coloré », un livre de contributions malicieuses

et novatrices issues de bénévoles de clubs et d'observateurs inventifs, d'acteurs de terrain du monde du sport, de l'action sociale et de la culture, et de personnalités de la société civile. Des idées simples qui parlent du plaisir de jouer, tout le temps. Des idées compréhensibles, limpides et surtout, surtout, très faciles à appliquer dans la vraie vie, immédiatement.
Le football doit rester une fête et un jeu. Le mythique entraîneur de Liverpool, Bill Shankly, avait déjà su rendre grâce à son universalité : « Le foot est un sport simple rendu compliqué par des gens qui n'y comprennent rien. » L'Argentin Jorge Valdano y a vu, lui, de la beauté : « Finalement, le foot est un beau jeu que les médiocres ont rendu laid au nom du pragmatisme. » Avec ce livre, nous souhaitons conjuguer les deux et rendre le rêve accessible le plus simplement du monde, en proposant cinquante idées pour vivre le foot avec un léger pas de côté. Ce livre est un retour d'expériences originales et personnelles. Il n'est surtout pas une finalité mais un point de départ. Sans urgence mais avec évidence.

TATANE

Tatane est un mouvement collectif et populaire pour un football durable et joyeux. Durable comme une splendide défaite, joyeux comme une action presque mythique racontée à ses enfants. Lancé en avril 2011 autour d'un manifeste coécrit par Vikash Dhorasoo, Brieux Férot (*So Foot*) et Pierre Walfisz (producteur), le mouvement Tatane, devenu association en 2012, compte aujourd'hui près de 7 000 sympathisants. Il reçoit au quotidien le soutien régulier de personnalités aussi diverses que Raymond Domenech, Pénélope Bagieu, Olivier Guez, Youssoupha, Leïla Kaddour, Benoît Forgeard, Pauline Parmentier, Bruno Bellone, Tristan Garcia, Ernest Pignon-Ernest, Luc Sonor, Thierry Frémaux, Rudy Ricciotti…

Tatane vise à remettre le jeu et le lien social au cœur de la pratique du football, dans les clubs, par le biais de tournois, rencontres, débats, événements… organisés autour de trois pôles : l'école de foot, l'atelier de création et le think-tank.

« On a perdu, on a gagné, on s'est bien amusés… » Devant 80 000 personnes ou devant sa grand-mère, sur la pelouse d'un stade ou sur une place de village, en maillot de bain ou en sari, avec ou sans crampons, tout ce qui restera finalement après une rencontre de ce drôle de jeu de la balle au pied, c'est le rire ensemble.

Plus d'informations sur www.tatane.fr

LE MANIFESTE (EXTRAITS)

Appel lancé en avril 2011

Parce qu'on joue au football

Parce que le football est un jeu qui doit rester populaire
Parce que jouer n'a jamais empêché personne de penser
Parce que le football est un jeu avant d'être un marché
Parce que la peur de perdre empêche de jouer
Parce que former un joueur de foot, c'est aussi former un citoyen
Parce qu'un footballeur n'a jamais choisi d'être un exemple
Parce que « tu ne peux pas planter de la banane et espérer de l'ananas » (Cheikh Lô)
Parce que la médiatisation du football est trop univoque pour être représentative
Parce que « l'endogamie conduit à l'asphyxie » (Claudio Magris)
Parce que Garrincha pouvait reculer pour faire durer le plaisir avant de marquer
Parce qu'on peut jouer au foot en se levant tard
Parce qu'à Manchester les supporters ont monté leur propre équipe alternative et qu'elle cartonne
Parce qu'il devient urgent de se pencher sur les choses inutiles
Parce qu'on peut aimer les temps morts au football
Parce que le jeu sauvera peut-être le monde
Parce que le football se joue
Parce que rien n'est jamais foutu

Tatane, non, le football n'est pas mort
Tatane, oui, le football est un beau sport
Tatane, non, les footballeurs ne sont pas des héros
Tatane, oui, les corps ont un cerveau
Tatane, non, aimer le foot n'est pas grossier
Tatane, oui, on peut penser avec ses pieds

LES IDÉES

PASSER ET ENCORE PASSER

par **Vikash Dhorasoo**, footballeur

Je ferme les yeux et, juste au bruit, je sais que Patrick Müller, mon partenaire suisse à l'OL, vient de frapper fort du plat du pied. Je sais que c'est un cadeau. Une passe aveugle unique. Claquée comme il faut, au sol. La passe laser qui surprend et transperce les lignes adverses. Alors, je suis prêt pour le contrôle parfait. Je me mets dans le sens du jeu. Et là, c'est à moi d'enchaîner avec l'ouverture millimétrée vers la course de Sonny Anderson. La balle part de mon pied droit dans le bon espace, avec la bonne trajectoire, la bonne force et le bon effet, juste hors de portée du défenseur et du gardien de but.

Au football, il n'y a pas beaucoup d'options. C'est souvent tirer ou faire la passe. Il paraît que faire la passe, ça lie et relie les gens. Faire la passe, c'est obligatoirement vers l'autre. C'est lancer la discussion, entamer le dialogue. C'est en quelque sorte faire société. J'ai dû choisir : tirer ou passer ! Si je tire lorsque j'arrive devant le but, je prends le risque de rater et de me faire siffler par le public. Alors j'ai fait la passe. Peut-être pour prendre le rôle du mec collectif, altruiste et généreux. Mais surtout, j'aimais ça. J'ai fait la passe dans toutes les zones du terrain. J'aimais trouver des angles impossibles. J'aimais la masquer, l'inventer. Je jouissais lorsque l'attaquant m'avait compris.

Je faisais la passe aussi pour mon plaisir personnel. J'ai toujours été fan des passes de Magic Johnson, de Platini, de Kaepernick. J'aime leur fantaisie ; leur imagination se retrouve dans la construction du jeu, pas dans la finition. J'aime car, avec la passe, le jeu continue. En tirant, j'avais peur d'arrêter le jeu. On tire. On se replace et on recommence. C'est beaucoup trop triste. Pas toujours efficace et pas très réaliste, diront certains. Aujourd'hui, dans le football des chiffres, des statistiques, ça ne passerait pas bien. Aujourd'hui, je me serais adapté et j'aurais marqué en reniant mes rêves pour ne pas finir sur le banc de touche.

IDÉE TATANE 1

REMETTRE LE PRIX SOCRATES DE LA MEILLEURE ACTION COLLECTIVE DE L'ANNÉE, SUR LA BASE DU PRIX PUSKAS REMIS PAR LA FIFA.

IMPROVISER LE FOOTBALL

par **Julien Cazarre**, humoriste

On a coutume de dire que le football est un spectacle. Mais ceux qui prononcent cette phrase à l'emporte-pièce n'imaginent même pas à quel point elle est pleine de sens. À mes débuts dans le théâtre, il m'arrivait de donner des cours d'improvisation théâtrale à des jeunes de banlieue parisienne à qui cet exercice rappelait douloureusement leur prof de français névrosée, Mme Gonthier. Ils semblaient perplexes et appréhendaient l'exercice sur la pointe des crampons. Il me fallait juste leur faire comprendre que, chaque dimanche, ils répétaient les gammes d'une pièce en deux actes : celui du théâtre et celui du football.

Quand vous êtes sur une scène de théâtre, vous devez occuper l'espace de manière homogène, ne pas être agglutinés dans un coin, au risque de déséquilibrer le lieu. Pour cela, il faut être à l'écoute de l'autre, sentir ses déplacements et se coordonner pour que cette lente chorégraphie semble réglée comme du papier à musique.

Le football consiste aussi à prendre cette information : où se trouve mon coéquipier ? Ai-je bien occupé l'espace pour qu'il me transmette la balle ? Suis-je en position de pouvoir l'exploiter et sur qui vais-je m'appuyer pour faire progresser le jeu ? Utilisation des appels, gestion de l'espace, coordination des gestes, tout cela dans le même rythme de respiration... Le football est bien plus qu'un spectacle, c'est une véritable pièce de théâtre avec tout ce que cela comporte de dramaturgie, d'intrigues, d'émotions et d'incertitudes. Mais ce n'est pas n'importe quelle pièce : c'est une grande improvisation qui s'écrit sous nos yeux.

IDÉE TATANE

2 ORGANISER DES MATCHS D'IMPRO ENTRE JOUEURS POUR AMÉLIORER LA COHÉSION DE L'ÉQUIPE.

SAUVER LES NUMÉROS 10

par **Franck Annese**, cofondateur du magazine *So Foot*

«Ce n'est pas lui qui va vite, c'est le ballon.» Cette phrase décrivait, au milieu des années 1980, le jeu de Franky Vercauteren, meneur de jeu belge et ancien petit prince du parc Astrid. Elle disait tout du football que j'aimais, de ces joueurs qui, en une passe, pouvaient changer le cours d'un match, retourner une défense.

Ils s'appelaient Juan Román Riquelme, Carlos Valderrama, Wesley Sneijder, Zico, Gheorghe Hagi, Michel Platini ou Japhet N'Doram. Ils paraissaient lents, mais ils voyaient plus vite. Ils semblaient nonchalants, mais, sur un simple contrôle, déstabilisaient n'importe quel défenseur. Ils étaient mes héros, numéro 10 dans le dos. Ils incarnent désormais le football d'antan, celui qui se jouait chaussettes baissées et sans nom sur les maillots. Un football plus collectif, où le numéro 10 donnait la pulsation, où son sens du placement et sa vista permettaient souvent de faire la différence.

À cette époque, une saison ne dépassait jamais les soixante matchs. Le numéro 10 manque cruellement au football d'aujourd'hui. Il a reculé devant sa défense, ou s'est déplacé sur les côtés, pour retrouver un peu d'air. Mais, malgré cela, il n'a pas toujours le souffle pour tenir quatre-vingts matchs à la cadence imposée. On ne compte plus autant sur lui, surtout dans les grands clubs, où il finit même parfois sur le banc, au chaud. Il n'a plus jamais les chaussettes baissées. Il ne porte plus forcément le numéro 10.

IDÉE TATANE

3

FAIRE RÉGULIÈREMENT, À L'ENTRAÎNEMENT, DES MATCHS « EN MARCHANT », POUR REPÉRER LES JOUEURS AYANT LA MEILLEURE VISION DU JEU.

DIRIGER UN CLUB DE FOOTBALL AUTREMENT QU'AVEC SES COUILLES

par **Pauline Gamerre**, élue au comité exécutif de la FFF, ex-directrice générale du Red Star FC 93

«Attaquer», «tirer», «défendre», «conquête», «gardien», «capitaine», «territoire», «tactique», «victoire». Chaque match, chaque affrontement entre équipes prend toutes les apparences d'une guerre ritualisée avec sollicitations des emblèmes (drapeaux, hymnes) et recours à des métaphores guerrières. Et pour faire la guerre, il faut des «hommes» pour «poser ses couilles sur la table», bien entendu. Bref, on l'aura compris, le foot n'est pas un sport pour les danseuses. Alors, bien sûr, si une femme arrive dans un club, la question va se poser : comment gérer un club autrement qu'avec ses couilles?

*Et si nous tentions aujourd'hui de parler de caractère? C'est cela que nous demandons aux joueurs et aux joueuses. C'est cela que nous attendons d'un staff et des dirigeants. Comme le disent les Italiens, il faut «*Avere fegato*». Avoir du foie, autrement dit. Sachant que ce pays est réputé pour son machisme, nous aurions peut-être des choses à apprendre de l'italien! Pour les anciens Grecs, le foie était en effet le siège de la force, du caprice et de la passion. En médecine, il filtre le sang, élimine les déchets et fait aussi office de réserve d'énergie. Surtout, il est intéressant de rappeler que le foie est le seul organe du corps humain capable d'une régénération presque totale. Si, par exemple, une intervention chirurgicale est nécessaire pour retirer une partie du foie, en quelques mois le corps peut le reconstituer. Ce n'est pas anodin dans notre milieu.*

Plus que ses couilles, il faut donc avoir la foi (parfois) pour diriger un club, messieurs, mais aussi du foie, toujours!

IDÉE TATANE 4

FAVORISER DES CANDIDATURES EN BINÔME — UN DUO HOMME-FEMME, PAR EXEMPLE — À LA PRÉSIDENCE DES CLUBS.

SE RÉCONCILIER AVEC LA MISE AU VERRE

par **Sidney Govou**, footballeur lyonnais

Les gens pensent que je sors tout le temps, mais je suis plutôt quelqu'un de casanier. Par contre, c'est vrai que j'ai un côté excessif : quand j'ai besoin de dégoupiller, je dégoupille. Assez proprement (rires).

Tu n'as pas le droit d'être mauvais sur le terrain et de ne pas respecter le collectif, c'est tout. Si tu respectes ça, je pense que tu peux faire ce que tu veux dans ta vie privée. Il faut savoir arbitrer entre l'exigence du haut niveau et le côté mental, où tu as besoin de temps en temps de devenir quelqu'un de normal, ce qui est tout aussi important. Je ne suis, par exemple, pas forcément partisan des règles drastiques sur l'hygiène de vie : le joueur qui se fait peser tous les jours et à qui on dit précisément ce qu'il doit manger, c'est de l'optimisation de la performance et c'est bien, mais ça m'embête lorsqu'on délaisse le mental du joueur.

Durant la Coupe du monde de 2006, on faisait, par exemple, un repas entre joueurs tous les lendemains de match. On se faisait un barbecue, avec des merguez, deux trois bières, et ces petits moments entre nous nous faisaient vraiment du bien.

Aujourd'hui, les joueurs se protègent par rapport à leurs sorties et je trouve ça un peu malheureux. Tu ne peux pas demander à un gamin de 22 ans de ne pas aller se faire plaisir de temps en temps. S'il est obligé de regarder en haut, en bas, à droite, à gauche, quand il sort boire un verre, tu imagines bien qu'il va prendre des risques, il va prendre l'avion pour aller loin dans l'espoir de ne pas être reconnu. Et ça me paraît très difficile d'en finir avec ce tabou. Ou alors, il faudrait que ce soit l'inverse : que tous les mecs qui jouent au foot se lâchent, et jettent en pâture au grand public tout ce qu'ils font. D'un coup, les gens se diraient : « Ah ouais, mince, quand même… On pensait qu'il n'y avait que lui, mais en fait, il y avait aussi lui, lui, lui, lui… » (rires).

IDÉE TATANE 5

DONNER 1 € À TATANE DÈS QUE QUELQU'UN SE PREND À PARLER DU « DEVOIR D'EXEMPLARITÉ DES JOUEURS DE FOOT ».

ARBITRER AVEC LE SOURIRE

par **Clément Turpin**, arbitre international français

Si on avait la possibilité d'arbitrer toute la rencontre avec le sourire, je peux vous garantir que tous les arbitres le feraient de la première à la dernière seconde. Avant d'être des passionnés d'arbitrage, on est des passionnés de football, c'est notre sport, c'est ce que l'on aime. Quand on arrive dans des stades remplis, le bonheur est maximal, on a le sourire en nous.

Et puis, l'arbitre, c'est aussi celui qui représente l'autorité, et dans des moments d'autorité, le sourire peut aider, mais il y a des circonstances où on ne peut malheureusement pas l'utiliser. Quand vous sifflez un penalty à la 85e minute alors qu'il y a 0-0, vous savez que vous allez avoir de la contestation, des joueurs énervés, déçus, tristes... Alors, arriver la fleur au fusil en sortant une blague, ça ne serait pas approprié. C'est peut-être là-dessus qu'en tant qu'arbitre on peut encore travailler: en n'ayant pas peur de montrer nos émotions et de les laisser vivre. Si elles sont vraies, elles faciliteront les relations. Mais ce n'est pas facile de lâcher prise, encore moins sur un terrain de foot avec 50000 personnes autour de vous. Les premières saisons, on essaie de tout maîtriser parce qu'on ne connaît pas, parce qu'on est sans doute trop attentif au regard des autres. Et puis après, avec le temps, on se lâche un peu plus et le naturel explose.

Je ne dirais pas que je fais des blagues aux joueurs aujourd'hui, mais il m'arrive de leur lâcher une petite phrase ou un petit mot pour dire « Waow. Belle action ! » après un super but. Je ne le contrôle pas, c'est ma passion du foot qui parle d'un coup. Globalement, les arbitres laissent de plus en plus s'exprimer leur ressenti, et c'est une bonne chose. Il y a aussi plus de communication entre les joueurs et les arbitres : elle est parfois faite avec beaucoup d'émotion, mais c'est normal, il ne faut pas en avoir peur. Parce que le foot c'est de l'émotion. C'est ce qui me plaît dans l'arbitrage : toutes ces relations qu'on peut avoir avec les joueurs.

IDÉE TATANE

6

PROMOUVOIR DES ATELIERS DE MISE EN SITUATION SUR L'HUMOUR DANS LA FORMATION DES ARBITRES.

S'ENTRAÎNER AVEC LES FILLES

par **Gaëtane Thiney**, joueuse internationale, Paris FC

Durant toute ma jeunesse, j'ai appris le football avec des garçons. Je jouais avec les filles le week-end, parce que je n'avais pas le droit légalement de jouer avec des hommes – physiquement, c'était trop dangereux –, mais je continuais à m'entraîner avec eux en semaine. Je les connaissais depuis mes 5 ans et je me suis entraînée avec eux jusqu'à 18 ans : ils me protégeaient et, en même temps, ils ne me faisaient pas de cadeaux sur le terrain.

Ça m'a d'ailleurs permis d'avoir un profil atypique qui m'a servi par la suite, puisque je fais aujourd'hui des choses que les autres filles ne font pas. Par exemple, faire une prise de balle, me retourner et prendre l'info, ça, je le fais vite. Parce que, lorsqu'il y avait un mec de 80 kg qui arrivait, il fallait que je me dépêche.

Il y a évidemment des différences dans le jeu entre foot masculin et féminin, puisque, athlétiquement, ce n'est pas la même chose, mais le gros point commun, c'est le jeu et le plaisir de jouer. Le foot, ce n'est pas que des frappes de trente mètres. La vitesse d'exécution n'est peut-être pas la même, mais on a envie de prendre du plaisir et de faire de belles choses, d'une manière différente de celle des hommes. Regardez ce que font les filles de l'OL ou de l'Allemagne, sur le plan tactique, c'est vraiment beau à voir. C'est d'ailleurs très bien que des clubs comme le PSG mettent en place de vrais projets pour les filles. Peut-être que, dans un certain temps, les garçons viendront les voir jouer. Thiago Silva l'a fait, par exemple. C'était quelque chose qui n'arrivait pas il y a dix ans. J'incite en tout cas les garçons à aller jouer avec les filles, comme j'ai pu le faire avec eux.

IDÉE TATANE 7

ORGANISER UNE FOIS PAR AN UN ENTRAÎNEMENT MIXTE DES ÉQUIPES HOMMES - FEMMES. POUR ARRÊTER DE CROIRE QUE LE FOOT FÉMININ EST UN AUTRE SPORT !

SUPPORTER DEBOUT

par l'**Association nationale des supporters** (ANS)

L'Association nationale des supporters milite activement pour le retour en France des «tribunes debout», à savoir des sections réservées dans lesquelles les supporters pourraient, sans enfreindre le règlement intérieur, se tenir debout pour encourager leur équipe. Vivre le match debout est plus interactif, il y a du mouvement, les gens bougent, ils ne restent pas à la même place durant toute la partie. Une égalisation à la 90e n'a, par exemple, rien à voir quand on la vit assis ou debout: tu es emporté par une vague, et c'est elle qui choisit où tu vas aller, au point de te retrouver dans les bras de gens à qui tu n'as jamais parlé de ta vie.

La tribune debout est ce qui caractérise l'aspect populaire du match de football, et les sièges de la plupart des stades français ne sont pas faits pour le supporterisme actif. Ils sont inadaptés à notre pratique et se cassent souvent, entraînant parfois des accidents. Différentes solutions sont possibles, comme supprimer totalement les sièges, introduire des sièges rabattables, ou encore mettre en place des barrières antipanique comme au Celtic Glasgow. Il n'y a aucune raison de faire perdurer une loi qui résulte en France du drame de Furiani, et passer aux tribunes debout est inéluctable. Les virages des stades français, mais aussi européens, vont s'y convertir dans les années futures, comme c'est actuellement le cas en Angleterre. Quand on va au stade avec des enfants, ils ne veulent pas être assis sur leur siège, ça n'a pas de sens. Ils veulent sauter et chanter. C'est la base de notre passion.

IDÉE TATANE

8

RETIRER TOUS LES SIÈGES DE LA TRIBUNE PRÉSIDENTIELLE. POUR L'EXEMPLE.

ÊTRE FOOTBALLEUR, C'EST UN MÉTIER

par **Nathalie Iannetta**, directrice associée de l'Agence 2017 (ex-journaliste et conseillère auprès du président de la République et de l'UEFA)

Au foot, il faut souvent se qualifier. Être qualifié. Pour le tournoi, pour le tour d'après, pour la compétition internationale... C'est un mot technique, un classique du vocabulaire sportif. Et pourtant, cette qualification-là n'est pas la plus essentielle. Celle dont on ne parle jamais, c'est la qualification du footballeur. La certification d'une compétence qui vient sanctionner une formation.

Dans les centres de formation, on forme les footballeurs. Mais à quoi les forme-t-on? À jouer. À comprendre un système de jeu. À trouver leur place sur le terrain. À acquérir le physique et la technique. Parfait. Quand un apprenti sort d'un CAP ébéniste, il EST ébéniste. Et il pourra exercer son métier partout. Ce diplôme, cette qualification font de lui un professionnel, capable d'être opérationnel et de délivrer l'ouvrage sur lequel on lui demandera de travailler.

Qu'en est-il pour les jeunes passés par un centre de formation du football? Quel diplôme feront-ils valoir auprès de potentiels employeurs? Quid des footballeurs qui finalement ne sont pas pro? Ils se pointent à Pôle emploi ou dans une boîte d'intérim, et ils font une fiche de recherche d'emploi en tant que «footballeur»? Évidemment non.

Au foot, c'est le contrat professionnel que tu signes qui fera de toi un footballeur. Pas ton diplôme de sortie. Parce qu'il n'y a pas de diplôme de sortie! Quelle grande école de la République recrute ses élèves parmi des milliers de candidats sans leur assurer à la fin le moindre diplôme ni la moindre garantie? Aucune. Et c'est heureux. C'est pourtant ce qui se passe tous les ans lors des détections dans les clubs amateurs des U15 (joueurs de moins de 15 ans).

Le foot n'est pas considéré comme un métier mais comme une passion qui permet à des jeunes sans qualification de peut-être un jour gagner plus qu'un service entier de neurologie ne gagnera jamais. Et de là part le gros malentendu en France sur le foot, le fric, les sales

CV
LIGUE DES CHAMPIONS
LIGA
SCUDETTO
COUPE DU MONDE
COUPE D'EUROPE

gosses et les cerveaux vides et imbéciles. On ne considère pas qu'être footballeur exige d'obtenir une qualification, un savoir-faire qui dépasse le terrain. Or c'est une reconnaissance nécessaire pour ceux qui échoueront à devenir joueurs, parce que s'ils recevaient une formation aux métiers du football, ils pourraient trouver un boulot dans ce milieu et avoir des perspectives professionnelles tout au long de la vie.

Voilà pourquoi il est urgent que les centres de formation se rapprochent de l'Éducation nationale et de l'enseignement supérieur, et délivrent un diplôme d'État aux métiers du football. Pour protéger ceux dont le terrain ne voudra pas, tout autant que ceux qui auront la chance de devenir pro. Ceux-là doivent être armés pour affronter un monde où le langage, l'image, le digital, la fiscalité, le marketing, l'histoire, la citoyenneté, le juridique et la santé sont au cœur de leur job, de l'environnement économique et social dans lequel ils vont évoluer. Être footballeur, c'est un métier. Et comme partout, il est nécessaire d'être qualifié.

IDÉE TATANE

9 PROPOSER UNE ÉQUIVALENCE POUR LES JOUEURS ET JOUEUSES PASSÉS PAR LES CENTRES DE FORMATION DE CLUBS PROFESSIONNELS.

PRÉFÉRER L'AMOUR À DISTANCE

par **Ludovic Lestrelin**, sociologue

Depuis les années 1980, la montée en puissance de la médiatisation du football via la télévision a changé la façon de suivre et de s'attacher à une équipe. Cette transformation majeure a conduit à l'apparition de supporters à distance, concept qui décrit une façon de vivre le foot principalement à travers les médias, en opposition à l'identification géographique classique. L'OM est le club qui illustre très bien cette transformation : il est suivi dans tout le pays et à l'étranger, avec une image véhiculée dans les années 1990 du club populaire et cosmopolite. Plusieurs facteurs peuvent se cumuler lors de l'identification à un club, notamment l'émotion sportive des matchs à enjeux sur la scène européenne.

Dans la majorité des cas, c'est lors de l'enfance et de l'adolescence qu'on choisit un club et qu'on s'y fixe. Or, désormais, il y a plus de volatilité. Aujourd'hui, la jeune génération va davantage suivre les championnats étrangers que la génération précédente, grâce à la nouvelle offre média. Les grands clubs ciblent de plus en plus ces nouveaux supporters, des fans qui consomment plus et s'inscrivent moins dans un rapport critique et contestataire du club. Il n'est pas rare que des frictions apparaissent entre les publics : le FC Barcelone est un club très ancré avec ses socios. Or ceux-ci s'agacent très fortement de la présence de touristes au stade.

Mais ce cas est loin d'être unique en Europe. Une hypothèse très sérieuse et crédible serait que l'attachement à un club s'accélère autour de l'individualisation du footballeur, suivi de club en club au gré de ses transferts.

Les supporters à distance sont, pour une partie d'entre eux, d'authentiques connaisseurs. Leur façon d'exprimer leur amour pour le club peut parfois être étonnante, plus forte que la ferveur du rapport de proximité, et ne répond pas toujours aux canons des ultras locaux.

J'ai rencontré des supporters de l'OM originaires de Rouen indiquant systématiquement la ville de Marseille sur leurs chèques alors qu'ils vivent en Normandie. D'autres encore peuvent tenter d'adopter l'accent de la ville. L'éloignement peut aussi renforcer la fidélité malgré les difficultés et les concessions que cela suppose. La distance fait également travailler l'imaginaire, le fantasme autour de la réalité de la ville et du club.

IDÉE TATANE

10 INTERDIRE D'INTERDIRE LES DÉPLACEMENTS DE SUPPORTERS.

DONNER AUX SUPPORTERS LE BALLON TOMBÉ EN TRIBUNES

par **Mélissa Mayeux**, joueuse de baseball

Le premier match de baseball américain que je suis allée voir, c'était Miami contre San Diego au moment de mon arrivée aux États-Unis, en septembre 2017. L'ambiance du stade est plus impressionnante qu'en France, et le niveau des joueurs est différent, c'est du vrai spectacle, c'est beau à voir. Et à certains moments, des balles ont fini en tribunes. C'était la baston pour les récupérer!

C'est une formalité de donner la balle en tribunes dans le baseball, puisque c'est quelque chose que la plupart des joueurs font. Beaucoup d'enfants se mettent près des bancs des remplaçants pour leur demander des balles pendant les matchs, et ça arrive assez souvent. Pour beaucoup de gens, c'est quelque chose qui a une vraie signification et qui permet de laisser un super souvenir.

Ça pourrait être bien de faire pareil au foot, même si je suppose que ça coûterait plus cher. Et puis, c'est une culture différente: le fait de donner la balle au public aux États-Unis, c'est aussi pour le show, le divertissement, alors qu'en France on est plus intéressés par le jeu et pas vraiment par ce qu'il y a autour.

Mais je trouverais ça bien, en tout cas, de pouvoir repartir avec un ballon de foot, surtout pour les enfants. C'est quelque chose qui permet aux joueurs de renvoyer une image positive vis-à-vis du public et des supporters, ça les rend sympas. Il ne faut pas oublier que, pour un enfant, recevoir la balle de son joueur préféré, c'est garder un souvenir de son héros de jeunesse toute sa vie. Si je deviens professionnelle, promis, je donnerai tout: la balle, la batte, le casque!

IDÉE TATANE

11

FAIRE ENVOYER LE DERNIER BALLON DU MATCH EN TRIBUNES PAR L'ARBITRE.

VIVRE PLUSIEURS VIES DANS LE FOOTBALL

par **Pape Diouf**, président de club, journaliste, agent…

Il n'y a pas eu de raisons particulières pour que je devienne journaliste, agent de joueur, puis président de club dans le monde du football. Les circonstances ont beaucoup joué dans mon parcours. Mes convictions et mes principes ont toujours gouverné ma démarche. La vraie raison de cette polyvalence, c'est que le corporatisme ne m'a jamais tenté et j'ai donc toujours eu des relations dans tous les métiers du football avec des gens pour lesquels j'avais de l'affection.

Lorsque j'étais président de l'Olympique de Marseille, certains agents étaient sûrement dans leurs petits souliers en se disant qu'ils ne me la feraient pas, à moi, tandis que des journalistes ont vu que je connaissais bien leur profession et qu'ils n'allaient pas me raconter d'histoires. Mais, même si je connaissais leur métier, je n'étais pas forcément l'interlocuteur le plus commode.

Je crois surtout qu'il est bon d'essayer de comprendre le métier de l'autre, d'en connaître les servitudes, et aussi les caractéristiques, par devoir et par respect, tout en essayant d'exercer son propre métier avec le plus de talent et d'honnêteté possibles. Les incompréhensions entre les différents métiers du football ont toujours existé, parce que là où il y a une société humaine, là où il y a des intérêts divergents, il y a, à certains moments, des malentendus et des incompréhensions qui peuvent détériorer les relations. Essayer de comprendre l'autre, en connaissant aussi son métier, est important.

IDÉE TATANE 12

ORGANISER UNE JOURNÉE « VIS MA VIE ! » OÙ TOUS LES MEMBRES DU CLUB — JOUEURS, ENTRAÎNEURS, DIRIGEANTS, SUPPORTERS, JARDINIERS — ÉCHANGENT LEURS RÔLES.

PAYER AUTANT LES FEMMES QUE LES HOMMES EN SÉLECTION NATIONALE

par **Maren Mjelde**, capitaine de l'équipe féminine de Norvège, joueuse de Chelsea

Parfois, les équipes féminines sont plus performantes que les équipes masculines au plan national, et elles sont quand même moins payées que les hommes. C'était le cas en Norvège, où l'on gagnait la moitié de ce que les hommes recevaient. La Fédération a décidé – en accord avec l'équipe masculine – d'augmenter nos salaires tout en baissant celui des hommes, afin que nous soyons sur un pied d'égalité.

Cette décision est symbolique car c'est la première fois dans l'histoire du football que les hommes et les femmes sont payés de la même manière : cela montre bien que l'on peut être payés au même niveau, dans le sport mais aussi dans la société en général.

Pour les clubs, c'est une autre histoire puisque les équipes masculines génèrent plus d'argent, il y a des droits télé bien plus importants, et on ne peut logiquement pas être payées autant. Mais je pense que l'on pourrait un peu se rapprocher de leurs salaires. Si la situation reste toujours compliquée pour les femmes dans le football (l'équipe du Danemark a, par exemple, dû récemment défendre ses droits en refusant de jouer un match qualificatif contre la Suède, menaçant ainsi sa participation à la Coupe du monde 2019), je reste persuadée que l'on est au début de quelque chose de vraiment positif.

D'autres pays, comme la Nouvelle-Zélande, sont en discussion pour faire la même chose que nous, et si les clubs soutiennent les équipes féminines, les femmes vont être encore plus présentes dans les médias, ce qui attirera donc davantage les sponsors, et générera plus d'argent, nous permettant de rapprocher nos salaires de ceux des hommes. Nous faisons le même métier, alors pourquoi ne serions-nous pas payées de la même manière ?

IDÉE TATANE

13

ALIGNER LES PRIMES DE MATCH DES SÉLECTIONNÉ(E)S EN ÉQUIPES DE FRANCE.

CRÉER OU REPRENDRE UN CLUB AVANT D'ÊTRE UN VIEUX CON

par l'**Excelsior Cuvry**, club de foot d'avenir

Dès son premier événement public, le club de l'Excelsior Cuvry que nous venions de créer annonçait la couleur de son projet. Nous étions cinq jeunes de 20 ans. Avec nous, il y avait les premiers joueurs, leurs parents, un nom original et surtout une valeur qui allait devenir constitutive de ce que nous voulions faire : du football joyeux. Ainsi, nous venions de décréter, dès l'annonce du premier match officiel de notre jeune club – en dernière division française –, le leitmotiv de son existence.

Depuis, nous n'en démordons pas. Nous étions jeunes, nous étions courageux, fous, nous étions presque beaux, mais surtout, nous étions heureux ! Heureux de nous lancer dans la création d'un club, heureux de retaper les vieux locaux misérables du village, heureux de jouer dans un champ, heureux de rédiger les statuts de l'association, d'élire un président et son « staff », de jouer en somme le jeu des grands, mais avec le sourire, avec d'autres principes et, surtout, d'autres méthodes. Probablement d'autres objectifs aussi.

À l'aube de notre septième année d'existence, s'il nous était autorisé de dresser un premier bilan, ce serait donc celui-ci : au-delà des multiples montées sportives, des nouvelles structures, des événements originaux, du passage de seize à plus de cent cinquante licenciés, c'est de joie que nous parlerions, en ce qu'elle constitue le dénominateur commun à toutes les réussites et à toutes les entreprises du club. La jeunesse a été un facteur, mais la seule condition de nos succès, celle qui fut sine qua non, c'est la joie. Pour conclure, la parole est à Socrates : « La beauté vient en premier. La victoire en second. L'important, c'est la joie. »

IDÉE TATANE

14 OUVRIR LE BUREAU DE CHAQUE CLUB À UN JEUNE DE MOINS DE 18 ANS.

CONSIDÉRER LES TIFOS COMME DES ŒUVRES D'ART

par **Ernest Pignon-Ernest**, artiste

Je travaillais à Naples durant la période bénie de Maradona, et quand Naples jouait à l'extérieur, j'allais voir les matchs dans une pizzeria. C'était chaque fois, en plus du match, de la commedia dell'arte et du cinéma italien! L'ironie, la dérision, les fous rires. Je me souviens que, quand les Napolitains sont rentrés sur le terrain à Vérone, les tifosi locaux ont déroulé «Forza Vesuvio» *– l'éruption du volcan! À Naples, au match retour, quand l'équipe de Vérone est apparue sur la pelouse du San Paolo, une immense banderole a été déployée:* «Julieta è una puta»*. Tellement génial de tacler le mythe le plus glamour de Vérone.*

Ainsi, depuis Naples et Maradona, et c'est bien normal, j'ai cette attention aux tifos: les textes, l'imagination, l'humour cinglant, les reparties incisives, les réponses parodiques. Je sais aussi que ça dérape parfois de manière grave et affligeante! Et puis, il y a eu l'apparition des images.

Tifos/street art: le fait que les deux phénomènes soient nés en même temps, qu'ils se soient développés de façon fulgurante dans les milieux populaires de presque tous les continents permet de faire un parallèle. En commun, il y a ces visuels gigantesques, ces images aux traits noirs et aux couleurs primaires, cette pratique collective…

Mais la découverte chaque semaine (merci Internet) de tifos toujours plus spectaculaires, audacieux, inventifs, impliquant des milliers de spectateurs, montre que ce qui se passe dans les stades est bien différent. Ce sont d'immenses chorégraphies visuelles et sonores qui sont proposées; elles conjuguent images, chants, musique, gestuelles, rituel, pyrotechnie… et régulièrement, de nouveaux ingrédients inattendus apparaissent. Chez moi, à Nice, on a vu le vol d'un aigle! Derrière ces manifestations, on perçoit le désir de ne plus être seulement spectateurs, mais aussi acteurs, d'une certaine façon.

NAPOLI
NAPOLI

Il y a des années, lorsque j'ai vu pour la première fois dans des rassemblements gigantesques en Corée du Nord ces vastes mosaïques de papier qui métamorphosaient un paysage ou un mot d'ordre en portrait de Kim Il-sung, j'ai pensé que ces opérations impliquant des milliers de bras n'étaient possibles que dans un pays totalitaire imposant ordre et discipline... C'est dire si j'ai été stupéfait quand j'ai découvert la même technique faire vibrer à la fois les tribunes de Marseille et celles de Saint-Étienne. Je connaissais le milieu plutôt bordélique et désordonné. Ce prodige dit la densité de ce qui se joue là, ce désir de partager, d'exalter collectivement sa ville, son club, ses couleurs, son histoire, ses légendes, ses mythologies. Je pense à la puissance visuelle de ces chiffres immenses qui s'inscrivent sur toute la hauteur des tribunes, célébrant l'anniversaire d'une victoire historique ou le souvenir d'un joueur disparu... Puissance visuelle mais aussi symbolique, expression d'un incroyable investissement affectif.

On ne peut pas assister à ces démonstrations sans penser à ce qui s'est passé en amont, à toute la préparation, les discussions, les surenchères de rires et d'engueulades, à toutes ces heures de travail collectif... tout cet investissement généreux pour une action qui ne durera que quelques minutes. Je crois que c'est cet engagement vraiment populaire, que l'on voit maintenant s'exprimer sur pratiquement tous les continents, qui réussit à protéger encore (pour combien de temps?) le foot de la froide menace de déshumanisation que charrie la main-mise des intérêts financiers sur ce sport collectif.

Hier soir, alors que je terminais ce texte, j'ai vu sur les tribunes du chaudron: «Ce soir, c'est plus du cinéma, on a la haine». LA HAINE! À Saint-Étienne !!! La bêtise crasse, l'inculture, le racisme menacent autant notre jeu de déshumanisation que le règne du fric. Je me souviens de mon père applaudissant ostensiblement l'équipe adverse quand il y avait du beau jeu. À quand un tifo pour rappeler qu'il s'agit du plaisir de JOUER ENSEMBLE, un tifo en couleurs avec «Mon plus beau but, c'est une passe»?

IDÉE TATANE

15

CONSERVER LES TIFOS ET OUVRIR AU DOMAINE DU PATRIMOINE CULTUREL IMMATÉRIEL DE L'UNESCO LA CULTURE DES STADES.

RECONNAÎTRE LE RÔLE DU BÉNÉVOLE DANS LES CLUBS

par **Maud Corso**, trésorière de l'Entente sportive de Vitry, animatrice du championnat interne U10-11

Été comme hiver, les terrains de foot sont remplis : jeunes, moins jeunes, garçons, filles, à 11, à 7 ou à 5… la passion du football unit ses pratiquants. Et pour relier ce beau monde, pour faire fonctionner les associations sportives, les clubs, il y a des hommes, des femmes de plus en plus aussi, et derrière, la figure charismatique du « bénévole ». L'homme-orchestre, qui maîtrise l'ensemble des fonctions du dirigeant associatif, existe encore sûrement, mais il a évolué. Il a évolué parce que l'engagement bénévole a changé, et l'environnement du football aussi.

La demande sociale et la diversification de la pratique du football, et en même temps l'augmentation des problèmes, mettent en tension les associations sur les questions d'encadrement sportif ou d'équilibre financier, par exemple. Les clubs sont confrontés aujourd'hui à un turnover important ; les bénévoles d'hier engagés à vie ne le sont plus. Les dirigeants sont devenus parfois des employeurs et, dans tous les cas, ils doivent maîtriser un nombre de lois et de contraintes qui leur viennent aussi bien des règles de la société que des règlements fédéraux.

L'association de foot n'est pas que du foot. Elle joue un rôle social, dont elle n'a pas toujours conscience. Un diplôme fédéral est parfois le premier diplôme d'un jeune. Animer une équipe, monter un projet, organiser un tournoi sont autant d'implications associatives qui développent ou mobilisent de nombreuses compétences. Les pouvoirs publics l'ont bien compris et les dispositifs de validation des acquis de l'expérience ou professionnels (VAE-VAP) intègrent depuis déjà plusieurs années l'engagement bénévole dans la justification des expériences ; le récent « congé d'engagement » prolonge ces dispositifs et offre la possibilité d'installer une continuité entre l'implication

bénévole et le monde du travail. L'engagement associatif gagne tout doucement cette reconnaissance dans la société, et le foot, avec plus de deux millions de pratiquants (système fédéral et système éducatif) a un réel rôle à jouer dans la valorisation par les acteurs eux-mêmes de cet engagement.

IDÉE TATANE

16 ACQUÉRIR DES TRIMESTRES SUPPLÉMENTAIRES POUR LA RETRAITE GRÂCE AU BÉNÉVOLAT.

NE SORTIR LE CHAMPAGNE QU'EN CAS DE DÉFAITE

par la **Fédération française de la lose**

Durant notre jeunesse, nos parents nous parlaient tous de la demi-finale de la Coupe du monde 1982 à Séville perdue contre l'Allemagne, mais jamais de la victoire à l'Euro 1984. À tel point que l'on a même dû attendre la victoire à l'Euro 2000 pour apprendre qu'on avait déjà remporté la compétition. De ce constat est née une analyse : celle que la France a une grosse culture de la défaite. On s'est alors dit qu'il fallait créer une page Facebook, la Fédération française de la lose, pour relayer toutes les semaines sur les réseaux sociaux les pires défaites de nos représentants.

Les gens parlent généralement plus des défaites que des victoires parce que ça les traumatise. La défaite, c'est quelque chose qui marque énormément – surtout quand tu es persuadé que tu vas gagner –, car tu te fais voler ton émotion, en quelque sorte, et il n'y a rien de pire comme sentiment. Il y a pourtant du romantisme dans la défaite : le petit qui se bat et qui finit par perdre, ça a un côté un peu épique, alors qu'une équipe qui gagne tout le temps devient énervante à la longue. Cyrano de Bergerac est un énorme loser, mais c'est la pièce préférée des Français : tout le long de la pièce, le mec loose, mais il a réussi à devenir un héros populaire. Valoriser la défaite, ce serait génial, comme au rugby avec le bonus défensif. Tu as perdu, mais on te donne des points !

Quand on y pense, beaucoup de sports américains valorisent aussi énormément l'échec, avec leur système du draft qui fait que les plus mauvais peuvent récupérer les meilleurs jeunes joueurs à la fin de la saison. Perdre et faire des matchs immondes y sont quasiment encouragés, c'est beau quand on y pense. Nous, on n'est pas encouragés et on y arrive quand même tous les week-ends en Ligue 1. C'est bien ça, le talent français !

IDÉE TATANE

17 GARDER LE MOUSSEUX POUR LES JOURS DE VICTOIRE !

5-

ARRÊTER DE CROIRE QUE LES FILLES NE COMPRENNENT RIEN AU HORS-JEU

par **Felicia Pennant**, rédactrice en chef de *Season*, magazine dédié aux supportrices

Quand on est une fille et qu'on dit qu'on aime le foot, il faut faire deux fois plus ses preuves. Le grand classique, c'est quand des mecs nous demandent d'expliquer la règle du hors-jeu. Mais bien sûr que je la connais, les gars, stop!

Le football reste très masculin et on ne laisse pas tellement la parole aux femmes. Ça m'agace quand je tape «supportrices» sur Google, parce que je tombe toujours sur des femmes à moitié nues ou avec des décolletés plongeants: elles ne parlent jamais vraiment, on ne sait jamais qui elles sont, ce sont juste des filles sexy en tribune. Du coup, ça m'a donné envie de faire parler des femmes qui aiment le football, et donc de lancer un magazine trimestriel dédié aux supportrices. Les images sexualisées des femmes dans le football sont encore majoritaires dans les tabloïds racoleurs, mais les choses s'améliorent: on voit, par exemple, de plus en plus de journalistes sportives femmes sur les plateaux télé, notamment en France. Et puis, vous avez quand même eu une femme à la tête d'un club, avec Pauline Gamerre au Red Star.

La solution serait de mettre davantage en avant les femmes fans de football, comme je le fais à mon petit niveau avec Season. *Il ne faut pas non plus oublier que 24 % des spectateurs de matchs de Premier League sont des spectatrices, ce n'est pas rien! Nous représentons une vraie manne financière pour les clubs. Le problème, c'est qu'ils mettent du rose sur tous leurs produits dérivés destinés aux femmes, comme si ce genre d'objets étaient achetés par les hommes pour leurs femmes. Je suis fan de Chelsea et ce ne sont pas les couleurs de mon club. Tout simplement!*

IDÉE TATANE

18

FAVORISER LA PARITÉ DANS LES DUOS DE COMMENTATEURS DE MATCH. POUR EN FINIR AVEC THIERRY & JEAN-MICHEL, CHRISTIAN & ARSÈNE, DENIS & JEAN-MARC, NELSON & PHILIPPE, JEAN-PAUL & MICHEL...

PARLER AVEC UN SPORTIF DANS SA LANGUE NATALE

par **Anne-Laure Bonnet**, journaliste sportive beIN Sports polyglotte (français, anglais, espagnol, portugais, italien, allemand, et désormais russe)

C'est en voyant le pilote automobile Ayrton Senna avec son drapeau du Brésil sur le dos que j'ai voulu apprendre le portugais et me lancer dans l'apprentissage des langues. C'était mon idole d'adolescente, et il parlait tout le temps anglais avec les médias. Pour le toucher, j'avais la conviction qu'il fallait que je parle sa langue, pas celle de tout le monde.

Parler avec un sportif dans sa langue natale, cela change en tout cas énormément de choses. Plein de conflits dans le football naissent de problèmes de traduction. C'est sur une intonation ou sur un mot, une expression que les gens s'engueulent dans la rue ou se tapent dessus, et c'est pareil au football.

Et puis, c'est difficile pour les footballeurs de parler dans une autre langue après un effort: un match, c'est un moment d'urgence, le joueur court pendant 90 minutes, la tension nerveuse est là, alors si en plus il doit s'exprimer dans une langue qui n'est pas la sienne... Je me mets à leur place, je me dis que ça doit être compliqué. C'est pour cette raison que j'essaie de leur faciliter la tâche dans la mesure du possible.

Surtout, parler en «VO» à la télévision permet de faire découvrir d'autres langues à des millions de gens. Vous n'imaginez pas le nombre de témoignages de petits garçons et de petites filles que je reçois, qui me disent s'être mis aux langues étrangères après m'avoir vue à la télé. C'est ce qui me fait le plus plaisir dans mon métier.

IDÉE TATANE

19 TOUJOURS LAISSER LES FOOTBALLEURS S'EXPRIMER EN VERSION ORIGINALE ET SOUS-TITRER LEURS INTERVIEWS.

JOUER EN ARRIÈRE POUR ALLER DE L'AVANT

par **Gaëlle Mignot**, capitaine du XV de France de rugby féminin

Jouer en arrière et non vers l'avant fait partie des valeurs et des règles du rugby, et c'est pour cela qu'il est si différent des autres sports. C'est d'ailleurs une des caractéristiques les plus difficiles à apprendre et à enseigner lorsque l'on débute, puisque la finalité est inverse par rapport au geste : on se dirige vers un point en face de nous, l'en-but, tout en gardant un œil sur ce qui se passe derrière nous durant tout le match.

Avec la pratique, pourtant, on se rend compte que la passe en arrière constitue l'essence même de ce sport et lui apporte énormément de valeurs, comme l'affrontement physique, le combat, et surtout la lecture de ce que l'on appelle les « espaces », c'est-à-dire les zones où l'adversaire n'est pas présent, et où il y a donc une opportunité de gagner du terrain. En une seule règle, on incite toute l'équipe à constamment chercher le démarquage tout en proposant des solutions à son coéquipier, et c'est pour cela que je trouverais amusant d'interdire les passes en avant dans le football, notamment à l'entraînement. Les joueurs étant obligés de se démarquer en passant uniquement par l'arrière, ils développeraient de nouvelles visions de jeu qui engendreraient plus de séquences d'attaque en s'aidant aussi de la défense.

Si cette règle permet au rugby d'engendrer plus de contacts, je pense qu'elle permettrait au football de réfléchir à de nouvelles manières de progresser sur le terrain, que ce soit en avant ou en arrière. À l'inverse, si les footballeurs veulent me donner des conseils pour le jeu au pied, je ne dirai pas non : à chaque fois que j'ai voulu l'utiliser, ça n'est pas bien passé. Donc je laisse faire ceux qui savent !

IDÉE TATANE

20 PENSER BEAUCOUP PLUS SOUVENT À LA PASSE EN RETRAIT !

FILMER LES MATCHS DE FOOT AVEC LES 22 JOUEURS DANS LE CHAMP

par **Bertrand Bonello**, réalisateur culé

Pour se poser la question de comment filmer le foot, il faudrait déjà se demander ce qu'est le foot. En voici une définition, parmi tant d'autres : le foot est un jeu d'échecs, dont les pièces sont des hommes ou des femmes. Derrière ces athlètes, deux entraîneurs, deux visions, deux tactiques... On ne peut pas comprendre une partie d'échecs en ne regardant qu'un ou deux pions, fussent-ils de grands pions, des fous, une dame...

Lorsque le réalisateur Werner Herzog dit qu'il aurait fallu « voir les 22 joueurs pour pouvoir analyser ce qui s'est passé », le 8 juillet 2014 au Mineirão lors du 7-1 infligé par l'Allemagne au Brésil, il dit surtout qu'il faut le plan large. Le plan large ne force pas le regard. On va y chercher ce qu'on veut. On a le temps. On se balade. On voit tout. Il est d'ailleurs souvent plus intéressant de regarder le joueur qui n'a pas le ballon que celui qui l'a, et dont on sait globalement ce qu'il va essayer de faire.

Pour ne prendre qu'un exemple, loin du ballon, Messi se balade doucement comme s'il était dans une forêt. Il regarde ses pieds, il regarde le ciel. Il s'extrait, il s'oublie, on l'oublie. Puis il resurgit comme réapparu des limbes, plus fulgurant que tout le monde. C'est le moment où la caméra revient sur lui, ayant occulté le magnifique moment d'absence. Le gros plan vous force à regarder quelque chose, mais comme au cinéma, le hors-champ au foot est souvent ce qu'il y a de plus fort.

IDÉE TATANE

21 ORGANISER DES PROJECTIONS, ANIMÉES ET EN PLAN LARGE, DE MATCHS DANS LES SALLES DE CINÉMA... OU AILLEURS.

GALVANISER PAR LES MOTS

par **Bertrand Périer**, avocat au Conseil d'État et à la Cour de cassation

Destinée à galvaniser par les mots, à mobiliser les énergies, à souder l'équipe, la causerie d'avant-match ou de mi-temps est un moment rituel et pourtant délicat. La configuration donne déjà le ton. Celui ou celle qui prend la parole est debout, devant des joueurs ou joueuses assis.

L'organisation « en U » paraît préférable à l'organisation de type « salle de classe » : elle permet à chacun de voir tous les autres et évite de recréer un cadre scolaire. Le discours peut prendre la forme d'un exposé tactique ou technique, avec schémas à l'appui et consignes de jeu à la clé. Mais il peut aussi prendre de la hauteur et convoquer des valeurs susceptibles de faire naître au sein du groupe la volonté de vaincre.

La posture de l'orateur ou de l'oratrice est tout aussi essentielle. Debout, les pieds campés dans le sol, le buste et les épaules forment un T, les bras bougent vers l'avant dans une gestuelle qui appuie le message. Le regard balaie l'ensemble des membres du groupe et la voix porte jusqu'au plus éloigné d'entre eux. En articulant et en variant volontairement le ton – plus ou moins fort, plus ou moins vite.

Sur le fond, une même causerie peut jouer, en une dizaine de minutes, sur plusieurs registres d'émotion : la confiance, l'optimisme, l'appel à la révolte, la vexation, la solidarité, l'effort, la détermination. Elle peut s'adresser tour à tour à l'ensemble du groupe et à certains de ses membres. L'essentiel est de rassembler les joueurs derrière des valeurs communes : le dépassement de soi, la primauté du collectif, le respect dû au public. Avec l'espoir que la victoire y mette le point final.

IDÉE TATANE 22

PROPOSER À CHAQUE MEMBRE DE L'ÉQUIPE DE FAIRE LA CAUSERIE D'AVANT-MATCH AU MOINS UNE FOIS PAR SAISON.

ALLEZ

FAIRE DU STADE DE FOOTBALL UN VRAI LIEU DE VIE

par **Grégoire Potton**, directeur général du Red Star FC 93

Un stade de foot, c'est bien plus qu'une simple enceinte sportive. On s'y retrouve entre amis, en famille, on y vit des moments intenses, on se sent faire partie d'un même ensemble qui comprend les joueurs, le staff, les supporters. On a le sentiment de gagner et de perdre ensemble.

Tout ça, c'est le soir du match. Sauf qu'un match à domicile, c'est au mieux tous les quinze jours. Que se passe-t-il dans un stade le reste du temps? Rien ou presque. On y trouve les locaux administratifs, les vestiaires, les terrains d'entraînement, et parfois, un peu de passage: licenciés, parents, éducateurs, voire curieux s'il y a une boutique. Les enceintes dédiées uniquement au football vont se multiplier, gagner en sécurité et en confort, et les services associés vont suivre. Reste à choisir lesquels: restaurant, bar, salles de sport ouvertes au public, musée, médiathèque, mais aussi salle de cinéma, de théâtre, de danse, galerie d'art, lieux pour les associations du quartier, espaces de travail ouverts à tous, garderie... Bref, accueillir aussi bien des activités et services du quotidien que de nouvelles formes d'expression – rap, graff, breakdance, e-sport... – pour rester au cœur de la vie de la cité.

Penser le stade de demain, c'est avant tout ne pas le transformer en un grand casino, mais en lieu de vie pour échanger à travers la culture et le football. En d'autres termes: se retrouver. Faire du football un vecteur de lien social du lundi au vendredi, telle est l'idée. Parce qu'un club de football est constitutif de l'identité d'un territoire et doit rester un formidable outil de cohésion.

IDÉE TATANE 23

METTRE À DISPOSITION DES ESPACES POUR DES ASSOCIATIONS LOCALES DANS LE STADE.

RÉINVENTER LES COMMENTAIRES DE MATCH

par **Vincent Duluc**, journaliste à *L'Équipe* et écrivain

On continue d'aller au stade parce que l'on a envie de partager quelque chose, de le raconter à chaud, et de le faire partager. Ce dernier désir porte en lui une grandeur et une limite: la grandeur, éventuelle, consisterait à transmettre quelque chose d'une passion, à tenter d'organiser une réflexion et, dans les bons jours, à mettre des noms, par les mots, sur les sentiments partagés par tous; la limite serait de vouloir seulement faire partager son avis, ce qui ramènerait ce jeu à un espace binaire et manichéen, être d'un camp ou d'un autre, d'une philosophie de jeu ou d'une autre, sans admettre de place pour le gris, pour le doute. Sans imaginer une troisième voie qui se détacherait de l'alternative...

Comme le propose Tatane, il suffit de changer une règle pour retrouver de la liberté, il suffit de s'arracher aux habitudes d'un siècle pour redécouvrir une légèreté joyeuse. Il m'est déjà arrivé de m'inventer des challenges souterrains, et de donner à quelques comptes rendus rédigés en nocturne (disons quatre ou cinq sur quelques milliers, donc ne cherchez pas) un sens différent pour moi et ceux à qui ils étaient destinés: il pouvait suffire, par exemple, d'entourer la première lettre de chaque phrase pour déchiffrer le message. Mais c'est là une démarche purement ludique, sans avenir, en dehors de celui d'avoir des ennuis avec le patron le jour où il s'en rendra compte.

Il doit exister un moyen de réinventer le genre, formellement, en allant au-delà du triptyque faits-commentaire-perspectives. Mais sans doute faudrait-il modifier, du même élan, nos perspectives et nos habitudes narratives pour mieux voir, ou voir ailleurs, et raconter ce monde autrement. Il y a toujours eu plusieurs manières de raconter le football. Les comptes rendus des journaux ont eux-mêmes évolué: la part du descriptif s'est rétrécie quand l'image et l'information instantanée ont envahi le décor. À la fin des matchs, on écrit aujourd'hui un papier qu'on écrivait autrefois le surlendemain, avec, déjà, de l'ana-

lyse, de la prospective. Il y a aussi peut-être à raconter autrement les statistiques, avec une histoire. Bref, pour être compris, les chiffres et les lettres.

Mais, à terme, réinventer cette narration du lendemain ne sera peut-être plus un enjeu : le jour où le papier aura disparu, s'il disparaît, et même si des journaux continueront de paraître sur le numérique dans un modèle payant, il faudra réinventer la narration immédiate. Les live des sites le font, parfois. En laissant apparaître toutes les sensations, toutes les illusions au fil du match, quand nous, presse écrite, ne sommes pas prisonniers de ce que l'on pensait à la mi-temps.

On pourra sûrement décaler nos regards, par le data ou par un parti pris, mais j'imagine que ce sera avant tout, et toujours, un concours de vitesse : ce sera à celui qui verra et écrira le plus vite ce qui apparaît nettement aux autres le lendemain, ou le jour d'après. Il faudra continuer de donner envie au lecteur de lire un titre plutôt qu'un autre, et de lire, surtout, après avoir cliqué. La narration future luttera contre le buzz, à sa manière, en opposant un long temps de lecture, et des explications différentes, à la facilité d'un clic pour avoir la réponse à une question qu'on ne s'est même pas posée.

IDÉE TATANE

24

DEMANDER UNE FOIS PAR AN À CHAQUE JOUEUR DE FAIRE LE COMPTE RENDU DU MATCH SUR LES RÉSEAUX SOCIAUX DU CLUB, SOUS UNE FORME COMPLÈTEMENT LIBRE.

ÉDUQUER PLUTÔT QUE DIRIGER

par **Raymond Domenech**, ex-sélectionneur national

Entraîner, quel beau mot! Que d'images lui sont associées, et plutôt positives. Entraîner, c'est donner de l'élan, c'est impulser l'énergie, c'est débloquer les inerties, c'est prendre par la main et courir, ou s'envoler, c'est tracer le sillon pour ouvrir des voies. Tout d'un coup, l'idée devient homme. Pour le meilleur et pour le pire. Car la synergie entre l'envie de l'entraîneur et le fait d'entraîner peut parfois être mise à mal. Le monde du sport professionnel a imposé ses règles, celles du résultat immédiat, et ne pas s'y soumettre rejette le constructeur, repousse l'éducateur. L'efficacité est devenue reine. Ce que l'on peut concevoir au plus haut niveau est pourtant difficile à imaginer pour des jeunes qui considèrent le foot comme un plaisir avant tout.

Heureusement, dans ce tableau noir, il existe de nombreuses taches de couleurs. Celles des idéalistes, des éducateurs, les serviteurs de ce qui anime tous les enfants de tous les pays, quel que soit leur statut social: le jeu. Cela se construit avec les jeunes, notamment en leur donnant la parole pour commenter les séances d'entraînement et les matchs.

Essayez la question: «Qu'as-tu fait de bien dans ce match?» pour vous rendre compte que, formatés par leur scolarité, ils vous parleront de ce qu'ils ont mal fait. À nous de renverser le processus. Ils devraient être heureux de ce qu'ils ont réalisé, en sachant que personne n'est parfait, et qu'ils rateront encore des gestes mais qu'ils tenteront encore de les reproduire.

Tentez aussi la deuxième question: «Qu'est-ce que tu aurais pu faire de mieux?» Là, vous aurez un vrai dialogue et une projection partagée de leur progression. Et cela peut s'appliquer au jeu mais aussi à la vie du groupe.

L'investissement dans le collectif pour le collectif doit se travailler aussi et ce n'est pas dans les gènes de tous les enfants. Cela s'ap-

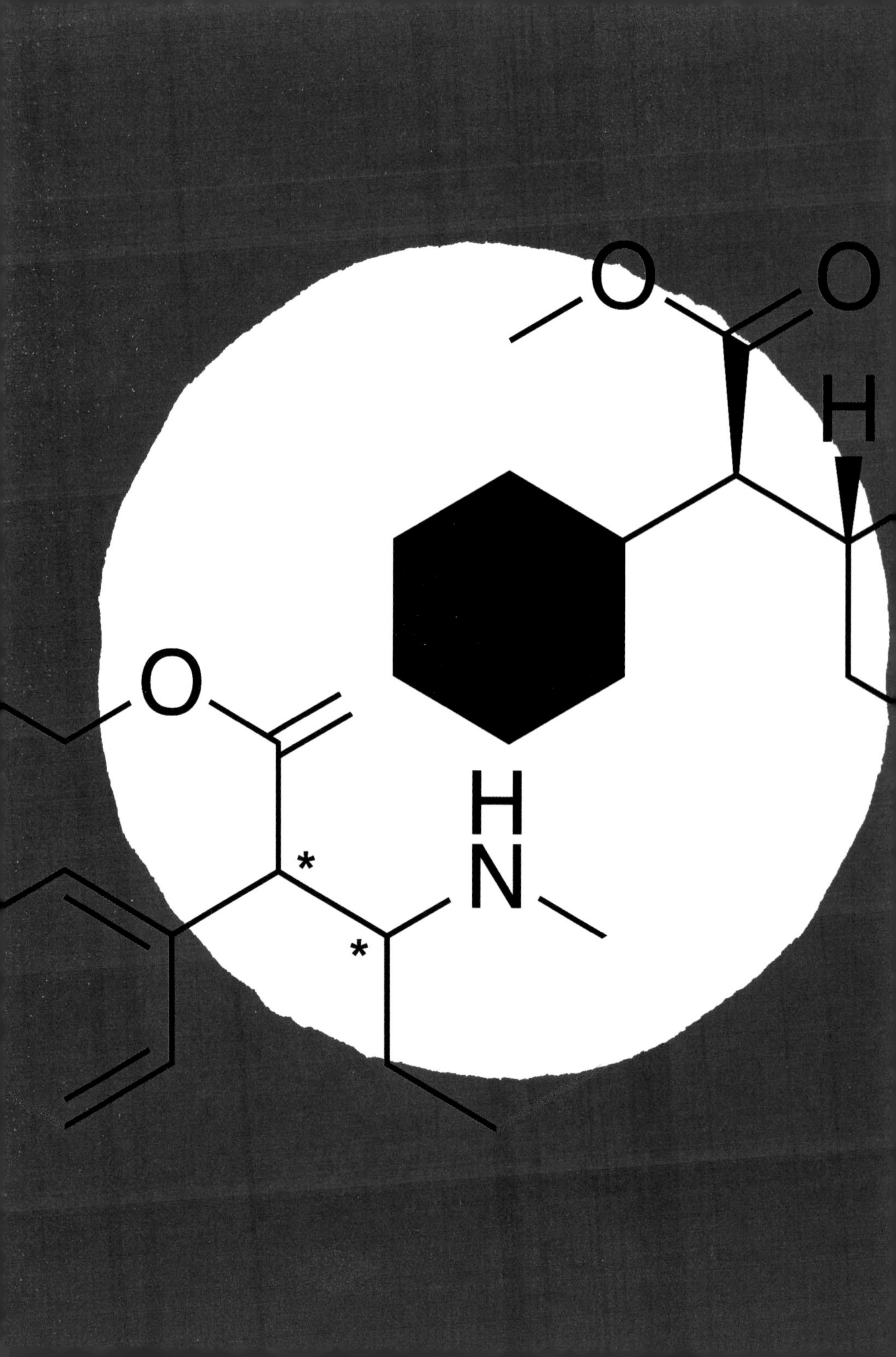

pelle l'éducation, et elle ne doit pas être répressive. Notre sport est le dernier bastion d'une socialisation acceptée et partagée, parce que les enfants choisissent de venir jouer au foot, comme nous l'avons fait avant eux et comme d'autres le feront.

« La femme est l'avenir de l'homme », chantait Ferrat. J'y crois dur comme fer en voyant le comportement des éducatrices et le sourire des jeunes qu'elles encadrent. Elles ont compris avant nous que la progression d'un enfant passe par le plaisir sans le stress. Puissions-nous les entendre un jour.

IDÉE TATANE

25 APRÈS UNE DÉFAITE, VALORISER INDIVIDUELLEMENT CHAQUE JOUEUR EN TROUVANT UN POINT POSITIF À RETENIR.

JOUER AVEC DEUX BALLONS

par **Rudy Ricciotti**, architecte (giga)physique

Continuer à vivre avec la complexité inhérente au football d'aujourd'hui et y introduire de la naïveté. C'est ça, le sujet. Les gens qui ne voient pas l'humour qu'il y a dans le football sont des gens à qui il manque une case de lecture politique ; il leur manque une clé de lecture du monde. Et comme la dimension spirituelle est déjà là, pour introduire de la naïveté, il y aurait une orientation métaphysique et une 'pataphysique. Parce qu'il y a une dimension symbolique, quasi religieuse, dans le désastre de l'excellence.

L'orientation métaphysique viserait à toucher à la naïveté par l'ivresse. On pourrait avoir les joueurs bourrés à l'entraînement, par exemple. Ils se parleraient beaucoup, sans violence d'ailleurs, et joueraient ensuite le match, déculpabilisés et sans névrose. De même avec la drogue de l'amour. Ils partiraient dans une dimension amoureuse, très abstraite, comme le match des philosophes filmé par les Monty Python.

L'orientation 'pataphysique, voire dadaïste, elle, consisterait à dérégler le jeu et à y introduire une dimension de naïveté salutaire. Avec un deuxième ballon, il y aurait des actions impensables, l'arbitre suivrait deux ballons, des joueurs se croiseraient, il y aurait des appels successifs ou concomitants... Sans changer le terrain non plus, on pourrait avoir trois équipes et un ballon, une version footballistique des maronites, des chiites et des Druzes au Liban, hein ?

Bref, il faut proposer à la Fédération d'être en pointe sur une telle idée de partage des territoires et des solidarités, ça pourrait même devenir une discipline olympique, parce que c'est porteur d'une vraie célébration de valeurs humaines, une telle rencontre de folies nationales. Il faut déréguler les limites du foot parce que, dans la vraie vie, c'est comme ça que ça se passe : les minots, ils jouent à douze contre treize sur un terrain avec des buts improvisés, ils se démerdent. Et sont heureux.

IDÉE TATANE

26

CRÉER UNE JOURNÉE « FOOT EN FOLIE » OÙ TOUTES LES JOUEUSES ET TOUS LES JOUEURS EXPÉRIMENTENT DE NOUVELLES MANIÈRES DE JOUER AU FOOT.

PENSER « NOUS » PLUTÔT QUE « JE »

par **Jean-Marc Furlan**, entraîneur qui monte et qui descend

Le football est le sport collectif le plus individualiste au monde, compte tenu de la société dans laquelle on vit, et c'est quelque chose qui met en danger l'esprit d'équipe. Il faut pourtant faire comprendre aux joueurs qu'ils peuvent devenir deux ou trois fois plus forts en changeant de philosophie, puisque c'est le collectif qui fait briller un individu, et non l'inverse.

Dans un sport très volatil et incertain comme le football, les groupes qui ont le plus de convictions et d'envies collectives seront les plus performants. Ce sont d'ailleurs les clubs avec une identité très forte qui s'en sortent : qu'on soit pour ou contre cette équipe, l'Olympique Lyonnais reste, par exemple, un club avec une vraie identité de groupe à tout point de vue, tant sur le jeu que sur la formation. Alors que les autres vont faire six bons mois, puis six mois en dessous, et changer d'entraîneur tous les deux ans.

Il faut juste prendre plaisir à vivre ensemble, et cela passe notamment par l'entraînement. Comment travailler de manière efficace sur le plan tactique et technique, tout en faisant en sorte que les joueurs aient envie de venir à l'entraînement ? Et surtout, comment instaurer une ambiance de sérénité dans la vie quotidienne d'un groupe ? Comme le disent les Portugais et les Espagnols, avant de parler football, il faut parler gestion humaine et gestion des émotions. Ma première préoccupation dans une équipe est donc que les gens soient complémentaires et vivent bien ensemble, avant de bien jouer au football. Et Dieu sait que j'aime le beau football.

IDÉE TATANE

27

DEMANDER AUX SUPPORTERS DE DÉSIGNER À CHAQUE FOIS L'ANCIEN JOUEUR QUI REMETTRA LE MAILLOT DU CLUB À LA NOUVELLE RECRUE (EX : FRANCIS LLACER POUR NEYMAR JR.).

VOIR LE JEU AVEC UN ŒIL NEUF

par **Jimmy Adjovi-Boco**, footballeur, cofondateur de l'association Diambars

Bien lire le jeu, c'est important. Mais bien le voir, ça l'est tout autant. Quand, avec Patrick Vieira, Bernard Lama et Saer Seck, nous avons lancé Diambars au Sénégal, nous voulions apporter une autre manière de former les jeunes joueurs en Afrique. L'objectif, c'était et c'est toujours l'éducation. Le foot est un moyen : même si les joueurs sont recrutés sur des critères sportifs, le plus important, c'est ce qu'ils vont devenir, ce qu'ils vont faire de leur vie.

L'idée est de bien voir, bien analyser, bien comprendre, et prendre les bonnes décisions. Sur le terrain, il faut passer du temps à saisir la subtilité de l'approche tactique, savoir faire preuve d'une grande concentration et mieux intégrer son rôle individuel au service d'un collectif pour prendre les bonnes décisions, en faisant des petits jeux à une touche de balle. Suivre des matchs télévisés avec les jeunes est important pour leur apprendre à regarder les matchs non plus comme des spectateurs, mais plutôt comme des professionnels, avec un regard analytique.

Les accompagner aussi en dehors du terrain afin de leur permettre d'avoir un regard critique sur l'environnement de plus en plus complexe du football, et de se questionner sur les conséquences de tel ou tel acte. Avoir une compréhension des médias et des réseaux sociaux, des agents, des supporters, des dirigeants donne de plus grandes chances de réussir. Cette vision, si elle est nécessaire pour parvenir au plus haut niveau, l'est tout autant dans notre vie de tous les jours.

Mais il n'y a pas que la lecture du jeu, il y a aussi l'optique. Le rapport aux écrans et d'autres questions, souvent relatives à la malnutrition, ont fait de la vision un vrai problème en Afrique. Un milliard et demi de personnes dans le monde souffrent de problèmes de vue et 90 % d'entre elles vivent dans les pays en développement. Je me suis donc

aussi lancé dans la création d'un réseau de magasins franchisés, avec une logique de réduction de marges, rendant nos lunettes accessibles au plus grand nombre. Pour jouer au foot avec un œil neuf, en somme...

IDÉE TATANE

28

INTERROGER LES RAMASSEURS DE BALLE APRÈS CHAQUE MATCH POUR QU'ILS EXPLIQUENT À L'ÉQUIPE PREMIÈRE CE QU'ILS ONT VU ET COMPRIS DE LA RENCONTRE.

SAUVER SON CLUB AU MOINS UNE FOIS DANS SA VIE

par **Ben Hayes**, supporter du Charlton Athletic FC (Angleterre)

Se présenter à des élections locales pour sauver notre club, le Charlton Athletic FC? On l'a fait. Dans les années 1980, de nombreux clubs en Angleterre et ailleurs ont déménagé et changé de terrain, pour des questions de salubrité, et aussi pour des raisons économiques. En général, les stades hors de la ville avaient été construits avec plus de sièges et de meilleures installations. Un seul club a laissé son terrain en l'état : nous.

Après une période désastreuse dans notre histoire collective (plus personne ne venait, le club n'avait plus d'argent, les temps étaient durs pour tout le monde), les nouveaux propriétaires du club ont décidé de faire jouer nos matchs... à Selhurst Park, le terrain de notre ennemi intime, Crystal Palace. Dur. Ça nous a tous rendus nostalgiques dans les tribunes. Et puis, c'est allé plus loin. Ils ont planifié un programme immobilier qui avait vocation à raser notre stade, The Valley, la maison du club depuis 1919.

Quand le plan a été momentanément bloqué par les autorités locales dans l'attente d'une validation par le conseil politique du coin, nous, les fans de Charlton, avons alors fait quelque chose qui n'avait jamais été fait dans le milieu : former notre propre parti politique, The Valley. On s'est alors lancés dans une campagne populaire pour les élections des conseils locaux de 1990 avec une seule idée : réhabiliter le stade.

On avait misé sur le faible taux de participation pour décider les habituels abstentionnistes à se déplacer. Ce parti n'a pas gagné un siège au sein du conseil, mais les 14 838 votes en faveur de The Valley ont perturbé l'équilibre du pouvoir local. Notre point de vue sur les

avantages d'avoir un club professionnel dans la région a alors rapidement été partagé, mais la bataille n'était pas terminée. Charlton n'a rejoué dans son stade qu'en 1992, après que nous, supporters, avons débroussaillé la pelouse et repeint le stade. Toute cette mobilisation a ensuite conduit le club à embaucher des fans militants du parti qui, pour certains, ont rejoint le conseil d'administration. Beaucoup estiment que les fans devront en réalité sauver le club... plus d'une fois dans leur vie.

IDÉE TATANE

29 OUVRIR LE CONSEIL D'ADMINISTRATION D'UN CLUB PROFESSIONNEL AUX SUPPORTERS.

APPRENDRE À S'ENNUYER DEVANT UN MATCH

par **Orelsan**, rappeur bas-normand

Quand j'étais petit, je jouais au foot durant toutes les vacances. Je n'arrêtais pas de taper dans un ballon avec mon cousin et je collectionnais même les images Panini. Et puis, avec le temps, la musique et le cinéma, j'ai un peu arrêté de suivre ce sport. Seulement voilà : je suis issu d'une famille de dingues de foot. Mon père et mon oncle sont abonnés au stade Malherbe de Caen, un de mes cousins est juriste au Stade de Reims, et un autre cousin a même porté le costume du Viking de Caen pendant un temps. Du coup, je me suis retrouvé à m'ennuyer devant des matchs de foot pas mal de fois.

Le meilleur moyen de se faire chier devant du foot, c'est de regarder un match devant deux équipes dont t'as rien à foutre. Et surtout, il ne faut connaître aucun joueur. Du coup, tu es grave perdu quand tu es avec tes potes qui sont à fond et qui disent : « Oué, là il est pas en forme, lui. » Je suis dans le canapé et je fais « oui, oui » de la tête sans trop savoir de quoi ils parlent.

Après, je suis aussi du genre à m'ennuyer assez vite, mais ça, ça me le fait partout, pas seulement au foot. S'ennuyer devant le foot, c'est un art que beaucoup de gens maîtrisent. Mais ça ne me dérange pas parce que ça me permet de penser à autre chose. Je suis en train de regarder, je pense à un autre truc, et d'un coup, je me rends compte que je n'ai aucune idée du score alors que je suis devant la télé depuis dix minutes. Ce qui veut bien dire que je n'ai absolument rien regardé du match (rires). En fait, c'est pas si terrible de s'ennuyer devant le foot. Il faut juste choisir les bonnes chips et les bonnes bières, et tu passes un bon moment.

IDÉE TATANE 30

BROUILLER TOUT RÉSEAU INTERNET AU STADE AU MOMENT DU COUP D'ENVOI. POUR PROFITER DU MATCH.

CHIPS

BIEN MAÎTRISER L'ART DU COUP DE PIED

par **Laurence Fischer**, triple championne du monde de karaté et présidente de Fight for Dignity

Mon sport, c'est le karaté, et ça m'a tout de suite intéressée de savoir comment bien frapper. Au football, on se sert de ses pieds, mais, bien souvent, sans avoir vraiment appris à maîtriser l'art du coup de pied. Il serait important de s'entraîner pieds nus. Je connais bien ces moments sur le tatami, avant le training, ou après, avec un ballon en mousse. Le travail des appuis et du placement de la jambe d'appui pour faire une bonne frappe, de préférence avec le dessus du pied, revers externe!

Maîtriser le ballon avec toute la surface du pied, c'est tout un art. Un art très technique et rude. En karaté, la cheville doit être souple pour les sautillements afin de snapper son coup de pied. Avec le ballon en cuir et les crampons, c'est encore plus dur, donc ça se travaille. Pratiquer un art martial ne devrait pas être une option pour une joueuse ou un joueur de football, mais un passage obligé. Après tout, Zinédine Zidane a fait du judo pendant des années, et ça l'a plutôt aidé, tant dans la souplesse exceptionnelle de sa cheville que dans sa protection de balle!

Depuis 2014, j'essaie de faire découvrir mon sport à des femmes qui ont été victimes d'abus, de violences physiques ou sexuelles, pour que se révèle à elle l'art du coup de pied. Une fois la confiance et la tonicité corporelle retrouvées, plusieurs pourraient bifurquer vers le football sans problème. Tout est une question de rythme, d'anticipation et de coordination.

Pratiquer un art martial, c'est clairement un outil de self-défense dans la vraie vie, mais sur un terrain de foot, c'est aussi un outil de maîtrise de soi. Les gestes techniques, il faut toujours se les réapproprier et savoir quand et comment les appliquer à la bonne situation. Dans un sens, Patrice Evra l'a bien compris. Reste à savoir quand et comment bien utiliser son coup de tatane ! En République démocratique du Congo, les jeunes femmes avec qui je travaille font du karaté le jeudi et du foot le samedi ! CQFD.

IDÉE TATANE

31 FAIRE RÉGULIÈREMENT DES ENTRAÎNEMENTS PIEDS NUS POUR RETROUVER TOUTES LES SENSATIONS DU CONTACT ET DU TOUCHER.

UTILISER LES RÉSEAUX SOCIAUX POUR SON PLAISIR PLUTÔT QUE POUR FAIRE CARRIÈRE

par **Pierre Bouby**, footballeur twitto à l'US Orléans

J'ai commencé à m'exprimer sur les réseaux sociaux en 2011, à Nîmes. Au début, par pure curiosité, je me suis créé un compte Twitter en faisant un peu comme les autres footballeurs. Mais j'ai vite compris: joueur de Ligue 2, ta vie, tout le monde s'en fout! Donc j'ai décidé d'être moi-même, en racontant la vie des vestiaires et en postant des tweets un peu borderline.

Résultat: j'ai vite fini dans la presse, qui disait que je dérapais. Ça m'a servi de première leçon. J'ai compris l'impact de Twitter: c'est ouvert sur le monde entier, il faut faire attention à ne pas être insultant. Je tweete comme je pense, mais c'est déjà un exercice d'être drôle en 140 caractères! Quand j'ai commencé à tweeter, je faisais des fautes, forcément on m'a repris, et comme je ne voulais pas être le parfait cliché du footballeur, je me suis appliqué. Il y a cette pression liée aux a priori, c'est vrai. Du coup, j'ai tout affiné en autodidacte, et c'est là que j'ai commencé à passer à l'étape supérieure. J'ai demandé à des influenceurs s'ils voulaient sponsoriser un joueur de Ligue 2, en mentionnant les marques.

À partir de là, je me suis mis à analyser mes stats en ligne, et j'ai compris qu'il y avait un truc à faire. Je me suis dit: «Je suis doué et je plais.» Puis est arrivé Ruquier. C'est aussi sur Twitter qu'il m'a recruté, un 31 décembre. Je fêtais le Nouvel An, j'étais complètement cuit à 23h30, et il m'écrit pour me dire qu'il aimerait m'avoir aux Grosses Têtes*! J'ai répondu: «Par contre, je tiens à te prévenir, je ne couche pas.» Ça l'a fait marrer, et le 4 janvier j'avais un appel.*

Je me suis trouvé un credo, l'autodérision, et aujourd'hui, je suis convaincu que je suis légitime pour faire de la pub. J'étais une brèle à l'école, mais pour moi, le problème, ce n'est pas que les footballeurs

soient cons, c'est l'Éducation nationale qui veut faire rentrer les gens dans des cases. Alors qu'il y a d'autres formes d'intelligence que d'être capable de bien apprendre ses leçons.

Les réseaux sociaux ont changé ma vie. J'ai monté ma société d'image, je suis consultant et ça me brancherait d'intervenir sur ces questions pour l'Union nationale du football professionnel (UNFP).

IDÉE TATANE

32 TOUJOURS TWEETER AU NATUREL. ET PAS UNIQUEMENT POUR FAIRE CARRIÈRE...

SE METTRE DANS LA TÊTE D'UN ATTAQUANT

par **Steve Mandanda**, gardien international

Pour comprendre les attaquants, il faut jouer à leur place. Quand je peux, j'aime jouer dans le champ, et jouer attaquant, ça m'a beaucoup aidé. Ne serait-ce que pour le jeu au pied et pour trouver des angles de tir plus faciles, qui sont plus naturels chez les attaquants.

En dehors du temps professionnel, je ne joue jamais dans les buts. Le poste de gardien me prend beaucoup de temps au quotidien et, mentalement, ça m'use, car cela demande énormément de concentration. Jouer sur le terrain m'aère plus l'esprit, je m'amuse davantage – je suis très bon pour marquer des buts (rires) –, mais je me rends compte que ce n'est pas si facile. Avec un regard extérieur, on se dit « mais pourquoi il n'a pas fait ci? », « pourquoi il n'a pas fait ça? », mais ce n'est pas évident, car chaque attaquant est différent et tous ont leur spécificité. Je comprends des choses avec la vidéo – sur les penaltys, par exemple, on repère les joueurs qui ont tendance à ouvrir le pied plutôt qu'à le fermer –, mais il y a surtout de l'instinct que je ne ressens que dans le jeu, des choses que je perçois à un moment précis et que je peux difficilement définir, car la vérité du terrain n'est jamais la même.

Il y a des situations où l'on ne peut pas se mettre dans la tête de l'attaquant: le coup franc de Cavani au Vélodrome, c'était un coup de poker – je sais qu'il a l'habitude de la mettre au-dessus du mur, mais il peut aussi la mettre du côté gardien. Celui que je trouve imprévisible, c'est Suarez. Je l'ai joué quand il était à l'Ajax et contre la France en 2013: il est capable de frapper « exter pied gauche », de la mettre de la tête... Il y a Messi aussi, évidemment. Suarez ou Lewandowski, ce sont de très grands attaquants, des poisons, ils regardent tout le temps le placement du gardien. Avec ce genre de joueurs, à ce niveau, la vidéo ne sert pas à grand-chose: si on anticipe un peu trop, ils le voient. Ce sont des joueurs capables de tout faire. On doit donc rester concentré, car on se retrouve toujours dans des situations difficiles. C'est donc important de jouer attaquant, même sur ses temps libres, pour essayer de comprendre comment un buteur évolue ou réagit.

IDÉE TATANE

33

PERMETTRE AU MOINS UNE FOIS PAR AN À CHAQUE JOUEUR DE JOUER À CHAQUE POSTE.

JOUER AU FOOT ET SE FOUTRE DE SON IMAGE

par **Rodéric Filippi**, défenseur bûcheron et sans langue de bois au Tours FC

Il y a eu un engouement autour de moi lors de ma saison en Ligue 1 avec le Gazélec d'Ajaccio en 2016, parce que je suis sorti de l'image du footballeur que l'on voit tout le temps à la télé. En tant que footballeur ou en tant qu'être humain, le regard des autres m'importe peu, en fait. Je suis comme je suis, et si les gens ne l'acceptent pas, je m'en fous.

Ce n'est pas parce qu'on arrive en Ligue 1 et qu'il y a un peu plus de caméras devant vous qu'il faut se la péter et jouer un rôle. Après, c'est vrai, quand on est tout le temps scruté, on se dit qu'il faudrait donner une image plus sympathique, rentrer dans une case. Le problème, c'est que certains joueurs pensent que s'ils dérogent à la règle, ça va leur retomber dessus, et qu'ils vont devenir le vilain petit canard.

Alors que pas du tout : c'est en fonction de nos performances qu'on est jugés, pas en fonction de ce que l'on dit ou de ce que l'on rêve d'être. Les gens sont parfois un peu dupes, ils pensent que les sportifs ne sortent pas, ne font pas la fête ; du coup, les joueurs le font en cachette et après se font cramer. C'est pareil pour l'argent : on s'imagine que tous les joueurs roulent en Porsche ou en Mercedes, mais moi personnellement, j'ai eu une Kangoo et j'en suis fier. Bon, là, j'ai dû la changer parce que j'ai des enfants et il n'y avait pas assez de place dedans. Mais elle m'a été vraiment utile pour faire les déménagements de joueurs qui arrivaient à Ajaccio.

Paradoxalement, je pense que les joueurs qui font énormément de marketing et de pub ont raison. S'ils restent vrais, s'ils ne jouent pas de personnage, grand bien leur fasse. Mais, dans tous les cas, je ne vais pas changer parce que les gens me disent de changer. Je vais essayer de m'améliorer techniquement, mais je resterai Rodéric Filippi, le boucher d'Ajaccio !

IDÉE TATANE 34

RESPECTER UNE BONNE FOIS POUR TOUTES LES GENS QUI ROULENT EN KANGOO.

ACCEPTER LA MAGIE DU FOOTBALL

par **Kamel le Magicien**

La magie, par définition, c'est abstrait, tu ne peux pas l'expliquer. Quand tu fais disparaître un objet devant une personne lambda, elle ne peut pas t'expliquer comment cet objet a disparu. Eh bien, au foot, c'est pareil : quand Zidane se dit à la Coupe du monde « Tiens, je vais faire une panenka », alors qu'il y a des millions de gens qui le regardent à travers le monde, ça ne s'explique pas. Ça reste un ballon, un pied, mais pour le mettre dans la bonne trajectoire au bon moment, il y a quelque chose qui fait que ça devient magique.

Donc évidemment, pour moi, il y a un vrai point commun entre footballeurs et magiciens, dans le sens où l'on arrive à faire des choses que personne d'autre ne parvient à reproduire. Être magicien, cela représente énormément d'entraînement. Il faut beaucoup de dextérité avec les mains pour réussir un tour et j'ai besoin de manipuler des cartes ou des pièces au quotidien pour ne pas perdre cette dextérité.

Du coup, je peux faire 700 fois le même mouvement avec des cartes pour qu'il soit parfait, jusqu'à ce que je n'y réfléchisse plus et que les spectateurs ne comprennent rien. Pour un footballeur, c'est pareil : ce sont des heures et des heures d'entraînement avec ses pieds pour faire un geste technique ou réussir à mettre le ballon au fond des filets. Même si le football est très médiatisé aujourd'hui, il gardera toujours une part de mystère : les gens ont beau voir les joueurs s'entraîner, ils ne savent pas comment ils font pour apprendre leurs techniques avec autant de précision, ils ne se doutent pas des heures et des heures d'entraînement que cela implique. C'est pour cela que la magie opère le jour où l'on se produit sur scène ou lorsqu'un joueur entre sur le terrain.

IDÉE TATANE 35

CRÉER AU MOINS UNE FOIS DANS SA VIE UN GESTE DE FOOTBALL QUI N'EXISTE PAS ET NE JAMAIS LE MONTRER, POUR PRÉSERVER LE MYSTÈRE...

DÉMOCRATISER LES CLUBS PROFESSIONNELS DANS LE FOOTBALL FÉMININ

par **Laura Georges**, défenseuse du Bayern Munich, secrétaire générale de la Fédération française de football

Aujourd'hui, quand je parle à des petites filles et que je leur demande ce qui les a poussées à jouer au football, elles me répondent que c'est parce que leur grande sœur jouait. On voit bien le changement de génération de joueuses. Les grandes sœurs inspirent les plus jeunes !

Avec cette évolution et le nombre croissant de joueuses, l'idéal serait d'avoir un maximum de clubs masculins ayant la volonté de créer une section féminine, afin que les joueuses puissent bénéficier d'installations de qualité et qu'elles soient salariées. Or, dans notre championnat de division 1, il y a encore des équipes où les filles s'entraînent en soirée car elles doivent assumer un emploi pendant la journée.

Dans ces conditions, il est compliqué pour elles de jouer à leur meilleur niveau, car elles ont très peu de temps de récupération. Je peux comprendre qu'à un moment donné certaines joueuses fassent le choix de se consacrer totalement à leur carrière ou à leurs études, au lieu de jongler avec le football et leur activité parallèle.

En tout cas, j'ai bon espoir de voir beaucoup plus de joueuses évoluer dans de bonnes conditions d'entraînement et être soutenues par leur club lorsque je constate que des clubs comme Lille, Bordeaux, Paris FC et Fleury investissent dans le football féminin. De plus en plus de dirigeants ont la volonté de développer le football féminin au sein de leur club.

IDÉE TATANE

36

CRÉER UNE SECTION FÉMININE DANS CHAQUE CLUB AVANT DE PENSER À CRÉER UNE DEUXIÈME ÉQUIPE MASCULINE.

PUBLIER LA FÉDÉRATION DE FOOT POUR LES NULS

par **Charlotte Richard**, cofondatrice de Voxe.org (média citoyen)

Pendant des années, j'ai cotisé à une fédération sportive et je n'ai jamais vraiment compris à quoi cela servait. On paie l'assurance et personne n'explique ce que fait une fédération ou un président de fédération. La Fédération de foot pour les nuls, c'est ça qu'il faudrait faire!

Avec Voxe, nous réfléchissons en amont à rendre lisible ce qui ne l'est pas. L'opacité est la meilleure façon de ne pas éveiller les esprits, donc il faut un peu de pédagogie. Il est d'abord nécessaire d'exposer des idées et de rendre accessibles les programmes, quand ils existent! Pour connaître les candidats et leurs programmes – parfois cachés dans un coin de vieux site Internet –, nous avons donc créé un comparateur de programmes. On a ensuite constaté que ce n'est pas parce que quelque chose est connu qu'il est compris et que l'on peut s'en emparer: regardez le «49-3», on en a beaucoup entendu parler mais personne ne sait vraiment ce que recouvre cet article de loi. Il faut donc comprendre les enjeux.

En France, on n'apprend pas à argumenter, à discuter, à prendre la parole, mais on pense qu'il faut que les participants jouent un rôle actif en prenant part au débat. Nous avons donc développé une méthodologie fondée sur le groupe et la vie réelle, avec des ateliers de mobilisation, des camps d'entraînement citoyens dans les mairies et les lycées. Nous voulons trouver une version cool qui se décline dans la vie réelle, pourquoi pas des ateliers «Foot et politique». Il n'y a pas d'âge pour voter, à partir du moment où l'on est adhérent d'une fédération.

IDÉE TATANE 37

ÉLIRE LE PRÉSIDENT DE LA FÉDÉRATION FRANÇAISE DE FOOTBALL À LA DÉMOCRATIE DIRECTE DES LICENCIÉS !

F
F
F

VALORISER LE RÔLE DE LA FEMME DE JOUEUR

par **Bérengère Outrebon**, fondatrice de l'Association d'entraide des conjoints de sportifs de haut niveau (AECS)

L'idée de créer une association d'entraide entre femmes de footballeurs m'est venue à l'été 2013. Mon mari, alors footballeur à Troyes, m'avait annoncé que l'on allait quitter la ville pour partir à Luzenac. Une fois arrivée, j'ai réalisé que tout allait être compliqué : j'en étais à mon treizième déménagement et je ne connaissais ni la ville ni les gens… et je n'avais aucune famille à 600 kilomètres à la ronde.

J'ai alors décidé de créer une page Facebook, puis une association, qui comptait au départ sept ou huit femmes de footballeurs, pour que l'on puisse s'entraider et faciliter l'intégration de chacune. Aujourd'hui, quasiment mille femmes échangent sur cette page quotidiennement : les demandes vont de la recherche d'un logement au choix d'école pour les enfants, en passant par des renseignements sur les conditions d'accouchement en Turquie.

Contrairement à ce que l'on pourrait penser, il n'est pas toujours facile d'être la « femme de » et de vivre à travers quelqu'un. Un joueur passe deux ou trois ans dans un club, et le coach ou le président ne connaissent parfois même pas le prénom de sa femme. Ou alors ne la saluent pas. Vous pouvez aussi vous retrouver à accoucher toute seule parce que le club ne veut pas que votre mari loupe un match !

De l'extérieur, on ne se rend pas compte de ces événements un peu surréalistes. En fait, il ne manque pas grand-chose pour améliorer la situation des femmes de footballeurs : juste un petit peu de respect et d'écoute au sein des clubs.

IDÉE TATANE

38

ORGANISER RÉGULIÈREMENT DES RENCONTRES CONJOINT(E)S / COACHS. COMME LES RENCONTRES PARENTS / PROFS, QUOI !

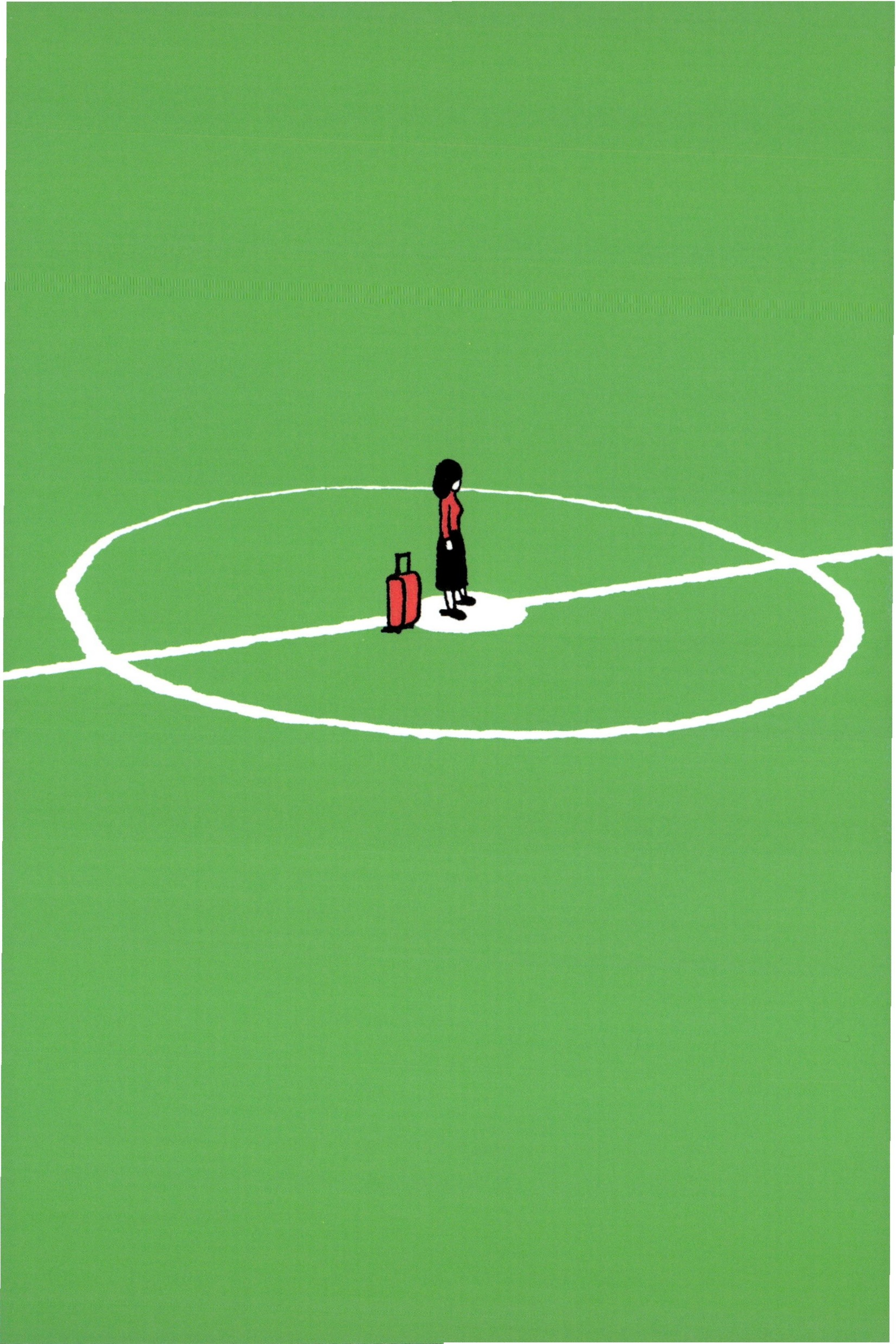

VALORISER LE BEAU JEU

par **Nicolas Kssis-Martov**, journaliste

Il faut se faire une raison. Le sport moderne s'est construit sur le principe de la compétition. La passion autour du foot s'est du coup cristallisée sur la doublette coupe/championnat, jusqu'au summum de la Coupe du monde. La quête de la victoire débouche sur l'effet pervers des matchs cadenassés, des nuls qui arrangent tout le monde et des équipes qui se réservent pour la suite de la saison.

Il arrive un âge où le désir de jouer doit prendre le pas sur la jouissance du succès. Parce que, simplement, il dure plus longtemps. Il y a des 0-0 avec vingt occasions qui servent plus la cause du foot qu'un match à sens unique, cautionné d'un minable 2-0. Et, parfois, un nul met en valeur un immense gardien de but, poste trop négligé. Est-il normal que les deux équipes d'un 3-3 fantasque et déluré repartent avec un seul point, quand la pauvre victoire 1-0 en octroie trois à une formation qui a fourni le service minimum?

Il serait temps d'attribuer les points au nombre de tirs sur la barre, de retournés, d'actions en mouvement, et peut-être globalement même, au style de jeu. Il est nécessaire de savoir valoriser une défense héroïque, même si elle perd de peu contre un adversaire sur le papier nettement supérieur. Le foot ne serait alors plus seulement un sport, mais aussi un esthétisme.

IDÉE TATANE

39

ESSAYER, AU SEIN DE SON CLUB, DE DÉFINIR UNE VISION PARTAGÉE DE CE QU'EST LE BEAU JEU AVEC TOUS LES LICENCIÉS.

10
9
10

RÉCONCILIER LES MILIEUX SOCIOCULTURELS PAR LE FOOT

par **Mohamed El Khatib**, metteur en scène

Si le théâtre peut créer du temps et de l'espace communs entre des gens qui ne se fréquentent pas, il a aussi beaucoup à apprendre du football. Devant un match pourri, tu as au moins chanté pendant une heure et demie, tu as revu tes potes… Il faut que cela existe aussi dans le théâtre, car c'est un espace vierge où l'on peut tout inventer.

Le théâtre, en théorie, est la chose la plus démocratique : il est né en Grèce et, à cette époque, il était la représentation du peuple. Petit à petit, le peuple a été dépossédé de ce premier geste cathartique et, aujourd'hui, on trouve de la catharsis au stade : on peut y jouer à être un autre, à être violent, rêver alors que l'on n'a pas d'argent… c'est une liberté folle dans la vie quotidienne. Le théâtre ne permet plus ça aujourd'hui, parce qu'il est produit par des gens en rupture avec les classes populaires – classes populaires qui ont fini par intérioriser que ce n'était pas un endroit pour elles.

Avec le temps pourtant, je me suis rendu compte que le théâtre et le foot avaient beaucoup plus de choses en commun qu'on ne l'imagine, et j'ai eu envie d'opérer ce rapprochement symbolique entre des gens que rien n'est censé réunir. C'est la raison pour laquelle j'ai monté un spectacle avec des supporters du RC Lens sur scène.

Aujourd'hui, je vois le théâtre comme une surface de réparation. Cette surface de réparation, elle doit permettre aux gens des catégories aisées de se réconcilier avec les classes populaires, et aux classes populaires de se dire que le théâtre est aussi pour elles.

Parce que, contrairement au cinéma, le théâtre permet un face-à-face humain. Et cette rencontre permet à une catégorie de la population de dire à l'autre dans les yeux : « On existe, vous ne pouvez pas continuer à nous ignorer. »

Je ne sais pas vraiment quels sont aujourd'hui les nouveaux lieux de mixité, puisque beaucoup ont été coupés par l'argent, mais je reste persuadé que le sport en fait partie. C'est la force du football : tout le monde sait de quoi il s'agit, et tout le monde peut le pratiquer.

IDÉE TATANE

40 RÉSERVER DES PLACES AU STADE POUR DES HABITANTS DU COIN TIRÉS AU SORT PARMI L'ENSEMBLE DE LA POPULATION.

APPRENDRE PAR LE FOOT

par **Lise Weis**, professeur de français de la section Foot du lycée Pierre-de-Coubertin de Meaux

Beaucoup de collègues du lycée sont rebutés par le football. Alors, quand le prof d'EPS a eu l'idée de monter une seconde « Foot », avec quelques enseignants motivés, tout le monde n'a bien sûr pas adhéré au projet.

En français, on fait raconter aux élèves les matchs de points de vue différents. Pour l'argumentation, c'est très facile d'utiliser le foot : faire l'éloge d'une équipe ou d'un joueur, être pour ou contre telle pratique footballistique. Les réflexions sur l'échec dans le sport et tout l'aspect lié à l'argent, le sport spectacle, cela les intéresse beaucoup. Et puis, avec des extraits d'essais et d'articles de journaux, on a aussi travaillé sur la construction d'une culture sportive, le cas des joueurs déchirés entre deux pays, les conditions d'arrivée de Neymar au PSG, ou encore la différence de traitement médiatique du football masculin et féminin. Comme on a désormais des filles dans la section, elles apportent plus d'ouverture, car leur pratique étant moins présente dans les médias, cela oriente moins leur analyse que les garçons.

En sciences de la vie et de la terre, c'est l'alimentation, le calcul du temps de récupération à l'effort qui sont, par exemple, abordés. En maths, c'est la trajectoire d'un ballon de foot qui peut aider à structurer un exercice. En histoire-géographie, un prof travaillait sur les clubs pour faire découvrir des pays, et l'engagement que certains joueurs avaient eu dans l'histoire. Et puis, en anglais, la parole se libère beaucoup plus facilement avec les couleurs et les nombres, ceux du maillot des équipes, le classement des équipes en championnat aussi.

A
B
C

Par rapport à d'autres classes, ce sont des élèves très dynamiques, qui veulent tout le temps essayer. Ce n'est pas la gloire ou l'argent qui les animent, ils sont passionnés. Une année où ils étaient très agités, on avait mis en place un système de carton jaune et carton rouge, et ça avait bien fonctionné !

Notre section ne représente pas le monde du foot tel qu'on en entend parler dans les médias, mais telle une passion, comme il en existe beaucoup : c'est toujours intéressant d'entendre les jeunes en parler.

IDÉE TATANE

41 INSÉRER DANS TOUTES LES MÉTHODES PÉDAGOGIQUES UN EXEMPLE SIMPLE ET CONCRET EN LIEN AVEC LE FOOTBALL.

PRENDRE LA BONNE DÉCISION DEVANT LE BUT GRÂCE AU E-SPORT

par **Bruce Grannec**, gamer, champion du monde PES et Fifa

Je joue à Fifa comme j'aime jouer au vrai foot : simplement et en favorisant le jeu de passes. C'est ce qu'il y a de plus dur à faire dans ce sport, et j'essaie de le retranscrire manette en main. Après, c'est une pratique forcément moins physique. Vu qu'on ne court pas, tout se passe dans la tête : quand tu joues au foot, tu contrôles ton corps et tes mouvements, pas ceux de tes potes. Alors qu'avec Fifa, si tu te relâches une demi-seconde, c'est trop tard : c'est toi qui as le contrôle de tout le monde !

En tout cas, on ne se rend pas compte des similitudes qui existent entre foot réel et virtuel : énormément de footballeurs qui jouent à la console ont des facilités parce qu'ils ont déjà la vision du jeu. J'ai, par exemple, pu jouer avec Benzema, et il prenait à chaque fois la bonne décision devant le but : s'il devait faire la passe, il la faisait, s'il devait tirer au premier poteau, il le faisait. Comme il le sentirait sur un terrain dans la vraie vie.

En l'espace de trois, quatre ans, il s'est passé énormément de choses dans notre pratique, alors, dans les prochaines années, ça pourrait devenir quelque chose de fou. On pourrait aller aux JO, vu que les instances s'y intéressent de plus en plus. Il pourrait y avoir une Ligue des champions, où chaque club de foot aurait ses représentants qui joueraient des matchs virtuels en lever de rideau des vraies rencontres au stade. Je suis en tout cas persuadé que l'image de l'e-sport va encore s'améliorer dans les prochaines années. On méprise de moins en moins l'e-sport puisque tout le monde joue aux jeux vidéo sur son téléphone ou sa console. Et puis, la base de Fifa, ça reste le foot : un jeu simple à comprendre dans lequel on se retrouve entre potes pour jouer. C'est bien ça, l'essentiel.

IDÉE TATANE

42 METTRE LE JEU FIFA COMME OPTION À L'ÉPREUVE DU BACCALAURÉAT.

RÉUNIR TOUS LES ACTEURS D'UN CLUB AUTOUR D'UNE COOPÉRATIVE

par **Luc Dayan**, ancien président de clubs professionnels

La manière dont circule l'argent du foot et ses conséquences sur le jeu suscitent des interrogations sur ce sport et sur le système qui l'entoure. Beaucoup de choses ont été écrites, mais il y a peu d'évolutions structurelles dans un univers qui a tendance à devenir mafieux. Je pense notamment qu'il est temps de réfléchir à nouveau aux organisations qu'on appelle « les clubs ». Aujourd'hui, en France, un club professionnel, c'est une convention entre une association et des actionnaires. Rien n'est vraiment prévu quand ça va mal. Par exemple, lorsqu'une équipe passe de Ligue 1 en Ligue 2, c'est 70 % de chiffre d'affaires en moins ! Difficile de s'adapter, pour tout le monde…

Comment inscrire dans le temps et dans ces conditions d'incertitude économique une action aussi collective que celle d'un club pro ? Il est probablement temps de mettre tous les acteurs autour de la table, pour qu'un vrai budget et une vraie gouvernance se mettent en place au vu et au su de tous ceux qui sont concernés – investisseurs, salariés, socios, sponsors, collectivités, etc.

L'idée de créer une coopérative – la société coopérative d'intérêt collectif (SCIC) – me paraît adaptée, en complément des formes juridiques actuelles. Si on fait preuve de transparence et de professionnalisme, qu'on explique ce qu'est un budget, ce qu'est la trésorerie, ce qu'est la réalité de la gestion des joueurs et d'un club, et qu'on arrive à partager l'information, je pense que, quand ça ira mal, il y aura beaucoup moins de risques d'explosion économique et sociale. Il y aura aussi moins de gens en colère, y compris chez les supporters. La forme coopérative permettrait de donner un peu plus de visibilité et de tranquillité dans le temps pour gérer ce type d'aventure collective que représente un club de football.

IDÉE TATANE

43

DÉVELOPPER LA COOPÉRATIVE COMME STRUCTURE JURIDIQUE POUR LES CLUBS PROFESSIONNELS.

NE PLUS METTRE LE NOM DES JOUEURS SUR LES MAILLOTS

par **Marc Beaugé**, journaliste esthète

C'est arrivé aux États-Unis, et ce n'est pas par hasard. Pour la toute première fois de l'histoire, les footballeurs participant à la Coupe du monde 1994 portaient leur nom à l'arrière du maillot… Jusque-là, en club ou en sélection, les maillots étaient marqués par le sens du collectif. Sur la poitrine, un blason, signe d'appartenance à une institution. Dans le dos, un simple numéro, pièce d'un système à onze hommes, tous fondamentaux, tous remplaçables.

L'air de rien, le football a donc changé, cet été-là, aux États-Unis. Sous l'influence des publicitaires américains, nourris au spectacle NBA, aux pom-pom girls, aux pages de pub à chaque quart-temps et chaque temps mort, il a commencé à valoriser les individus plutôt que le collectif. Et à penser les joueurs comme des stars.

Depuis, c'est avec ce phénomène que nous luttons pour réenchanter le football. Que faire de ces joueurs obnubilés par leur propre gloire, prêts à pointer leur nom sur leur maillot au premier coup franc venu ? Et de ces supporters, inconditionnels d'un joueur plus que d'un club ? Revenir à des maillots anonymes serait un début.

IDÉE TATANE

44

DISTRIBUER AUX JOUEUSES ET JOUEURS DES MAILLOTS SANS NOM, NUMÉROTÉS DE 1 À 11 POUR LES TITULAIRES. À L'ANCIENNE.

7

CONSTRUIRE L'IDENTITÉ D'UN CLUB PAR SON HISTOIRE

par **Jean-Pierre Blay**, historien

Aux clubs qui veulent entrer dans l'histoire, il faut des performances et… un historien pour les mettre en perspective. Il n'est pas possible de dissocier la performance du fait de supporter, et cela crée un besoin d'histoire.

En organisant son histoire, le club montre sa chronologie et tend la main aux supporters en leur disant : « Voilà ce que nous avons réalisé, aidez-nous à aller plus loin. » C'est pour cette raison que les musées sont importants : pour montrer au présent qu'un club donne une continuité à l'histoire. Connaître les buteurs, dater une victoire, pouvoir en citer les conditions… ces petits détails constituent des marqueurs identitaires intergénérationnels et forgent une construction argumentaire face aux adversaires.

À chaque derby entre les clubs, l'historique est connu par les supporters et l'on revient sur la question du palmarès. De la même manière, les grandes équipes de football ont toute une salle commune : la salle des trophées. Il faut pouvoir y montrer l'antériorité du club. L'historicité vient ici servir la légitimité des prétentions sportives. Le relevé des trophées et des victoires trace une ligne chronologique de l'excellence sportive, et la connaissance de l'histoire du club devient une façon d'entretenir son supportariat.

IDÉE TATANE

45 CRÉER UN MUSÉE — MÊME TOUT PETIT ! — DANS SON CLUB.

JOUER AU FOOTBALL SANS ENTRAÎNEUR

par **Fernando Arrabal**, poète surréaliste

Les footballeurs joueraient infiniment mieux sans entraîneur. À l'époque de la Révolution française, Philidor, le compositeur – et par ailleurs champion d'échecs –, a dit: « Le Roi (c'est-à-dire l'entraîneur de football), quelle importance? Le pion (le joueur) est l'âme du jeu. » Il faut supprimer cette excroissance que sont les entraîneurs. Ce sont des fanatiques. Des caporaux.

Il y a une loi au foot: « Quand on change d'entraîneur, on gagne dans la semaine. » Obviously. *Le type, à peine arrivé, ne s'est pas encore lavé les dents, n'a jamais parlé avec les joueurs, et son équipe gagne le match. Bien sûr: en réalité, on n'a aucun besoin de ce fantôme. L'entraîneur est une création d'un homme très intelligent et érudit: Staline. Un monstre... Mais très cultivé. Il a aussi créé le metteur en scène de théâtre pour remplacer l'ancien souffleur.*

Quel besoin? Disons la vérité: les entraîneurs, ce sont des gardes-chiourme. Des flics. Des inquisiteurs. Parfois, les meilleurs joueurs – c'est-à-dire les plus rebelles – se réunissent dans le dos de l'entraîneur. C'est très bien et c'est jouissif. Mais il faut faire attention aux espions... Je rêve d'un football moderne. Anarchiste. Sans entraîneur.

IDÉE TATANE

46

LAISSER UNE ÉQUIPE EN AUTOGESTION SPORTIVE — ENTRAÎNEMENT, ÉCHAUFFEMENT, MATCH — AU MOINS UNE FOIS PAR SAISON.

CHANTER POUR SAUVER SON ÉQUIPE

par **Benjamin Biolay**, chanteur, auteur - compositeur- interprète, gone

Je me souviens très bien du jour où je suis allé voir un match au stade d'Anfield : leur équipe était dans le dur, et tous les supporters se sont mis à chanter « You'll never walk alone » à travers le stade. J'ai entendu ça et je me suis mis à chialer. C'était à la base un morceau folk un peu mou, et ils ont réussi à le transformer en tout à fait autre chose, un truc qui remotive les troupes instantanément.

Que le stade chante pendant un match reste quelque chose d'essentiel pour moi : quand une équipe rame et que le kop se met à chanter, c'est un vrai beau moment de communion. Et quand tu es joueur, tu dois te dire sur le terrain « vas-y, je peux pas leur faire ça ».

En fait, il faudrait composer un hymne d'encouragement, un hymne du « on ne peut pas leur faire ça ». Les clubs, en accord avec les supporters et des musiciens locaux, devraient préparer une chanson pour ce genre de situation. Ce n'est pas difficile en plus d'écrire une chanson marrante de trente secondes sur une mélodie qui existe déjà. Regarde les Anglais : ils te sortent des chansons de nulle part ! D'un coup, Ryan Giggs a sa chanson sur une musique de Joy Division, et deux semaines plus tard ils t'en sortent une autre sur un autre joueur.

Comment ils s'organisent pour faire ça ? Ils doivent se concerter, répéter comme une chorale, je pense. On devrait faire pareil en France, même si, dans un premier temps, on ne change aucune parole et on dit juste le nom des joueurs. Dans l'absolu, il faudrait un hymne qui dise « Non, ça c'est pas possible, les gars ». Histoire qu'il y ait un vrai douzième homme dans le match.

IDÉE TATANE 47

CRÉER AVEC LES JOUEURS UN CHANT PARTAGÉ, SUR UNE MÉLODIE CONNUE, POUR QUAND L'ÉQUIPE EST DANS LA GALÈRE !

JOUER ET JOUER ENCORE, SANS CHERCHER À TROUVER UN SENS AU FOOTBALL

par **Tristan Garcia**, écrivain joueur

Le sport, c'est en apparence ce qu'il y a de plus éloigné de la pensée : ça ne dit rien, ça fait bouger le corps et à la fin, il y a un vainqueur, un vaincu. La pensée, c'est bavard, ça arrête le corps et ça n'en finit jamais. Alors, le sport, ça rend folle la pensée. C'est pour cette raison qu'en réfléchissant sur le sport, on oscille entre la critique radicale et la fascination éperdue. Le sport, c'est d'abord une intelligence concurrente : une forme d'intelligence qui finit dans le corps et qui est mesurable. Certes, la pensée scientifique finit en propositions mesurables, mais elle reste abstraite. En revanche, la pensée du sportif finit tout entière dans une action du corps qui est mesurable et comparable à d'autres.

Le football d'aujourd'hui ressemble à la planète : un espace mondialisé, mais fermé sur lui-même. Les sportifs de notre époque libérale vont et viennent à la surface de la Terre, sans autre identité que des hymnes et des drapeaux, monnayés de clubs en franchises. Dans ce monde-là, il n'y a pas de marges, justement : on tourne en rond et on reste en surface. Il y a seulement des zones d'ombre, et un doute permanent : quel est le sens de tous ces efforts, à la fin ? Auparavant, le sens était évident : gagner pour sa patrie, gagner pour le Parti, marquer l'Histoire, être en pleine santé, servir d'exemple.

Mais le sport de notre temps n'a plus de centre ni de sens définitif. Il est décentré : juste des individus qui s'entraînent, souffrent et font des efforts dans tous les sens, dans l'espoir de gagner leur vie et de passer devant les autres. Dès lors, il ne reste qu'à revenir à l'essentiel : le jeu. Chercher un sens au football, et plus généralement au sport, ne sert à rien.

IDÉE TATANE

48

DRIBBLER OU JONGLER SEPT FOIS AVANT D'OUVRIR SA BOUCHE POUR PARLER DE FOOTBALL.

TOUJOURS PENSER « UTILE » QUAND ON EST UN CLUB DE FOOTBALL

par l'**Internationale Soissonnaise**, club de football

Trouver les différentes façons d'être utile à ses membres, et si c'était ça, finalement, l'ambition première qui devrait guider les dirigeants des clubs de football? La raison qui permet d'oublier les heures à régler des problèmes superficiels, les frustrations liées aux infrastructures insuffisantes, les soucis causés par des résultats sportifs forcément aléatoires.

En créant notre club en 2009, c'est en tout cas sûrement cette idée – cet idéal? – qui nous animait. Être utile, quand on est un club de football, c'est quoi? À notre sens, c'est offrir un espace d'épanouissement personnel adapté à chacun de ses membres. Adapté à ses envies, à son niveau sportif, à son temps disponible, à ses résultats scolaires… À chaque problème sa solution, selon le dicton.

Alors, allons-y! Nous sommes situés dans un des départements les plus pauvres de France? Proposons une licence à 5 € pour les jeunes. Leur niveau scolaire est, pour certains, insuffisant? Offrons un accompagnement scolaire gratuit. Un besoin d'ouverture sur le monde? Ajoutons-leur des stages culturels lors des vacances scolaires. Donner du sens à nos actions, les expliquer aux parents, écouter leurs conseils, chercher sans cesse à créer du lien social. Là réside l'essence même de ce que nous souhaitons mettre en place.

Une vision dépassée à l'heure du « football business »? Pas du tout, puisque les clubs professionnels mettent les bouchées doubles pour

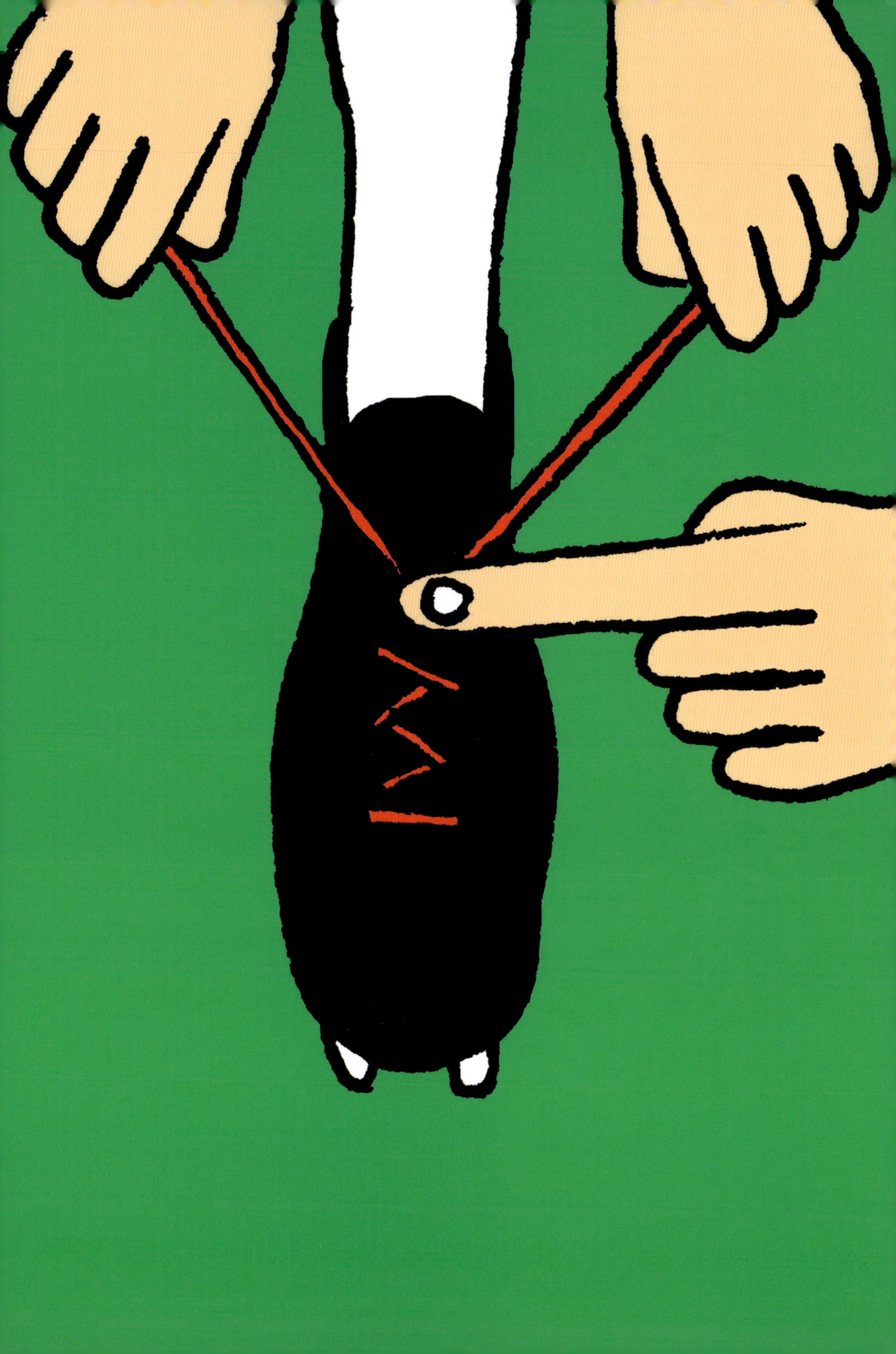

«socialiser» leur centre de formation. Selon nous, le club amateur du futur sera humain, réactif et pensé comme un outil d'accompagnement social. Qu'un de nos jeunes ait les moyens de devenir joueur professionnel ou bon boulanger, on tâchera de lui être utile, à notre façon. Notre prochain objectif: qu'un mécène partage cette vision et décide de faire de l'IS un laboratoire des innovations sociales appliquées au football. Vous avez une solution (et un nom) à proposer? Vous nous seriez très utile!

IDÉE TATANE

49 CONSTRUIRE DES PARTENARIATS CONCRETS ENTRE SON CLUB DE FOOT ET D'AUTRES ASSOCIATIONS LOCALES.

EN FINIR AVEC LES INJUSTICES DANS LE FOOT… OU ALORS VIVRE AVEC !

par **Ismaël, Sickou, Mariama, Telly, Igor, Georges, Yacine** et **les jeunes du gymnase Berlemont de Belleville**, à Paris

Dans le foot, y a trop d'injustices. L'arbitrage ! OK, ils parlent trop mal, ceux qui jouent au foot, mais les arbitres, faut arrêter ! Ils ne voient rien de ce qui se passe pour de vrai. Donc soit les arbitres se remettent à jouer au foot et ils font des « physiques » régulièrement, soit il faut la vidéo. Et si c'est pas des caméras qu'il faut, parce qu'il ne peut pas y en avoir partout, eh bien, il faudrait leur donner des jumelles !

Les cartons jaunes et les cartons rouges, on arrête aussi. Fini. Dès qu'un joueur conteste, comme Thiago Silva ou Sergio Ramos, hop, l'arbitre demande à l'entraîneur de le remplacer. Direct. Comme ça, ça pose plus de problème à personne, sauf au joueur : il n'avait qu'à pas contester. Ou simuler.

La simulation… Alors, ça aussi, ça ne se fait pas, ça rapporte rien du tout, ça rapporte que de la triche, je trouve pas ça très bien. Par exemple, Toni Kroos face au PSG, il a simulé. Ils ont obtenu un penalty et puis Cristiano Ronaldo a marqué… Pour moi, c'est un faux but, il ne compte pas. Moi, je n'ai jamais simulé dans un match de foot, mais je connais des gens qui le font. Mais je ne dirai pas le prénom. Après, si c'est notre équipe qui simule, tant pis ! C'est bien ! On est contents ! C'est pas juste, mais c'est drôle. C'est drôle, le foot.

Le chambrage, c'est drôle aussi, surtout si on est dans la même équipe. Si on gagne et qu'on chambre, ou si quelqu'un simule et que ça peut rapporter un coup franc ou un penalty, moi, ça m'arrange. Franchement, je crois que j'aime bien que quand ça m'arrange, en fait.

Pour sauver le foot, il y a plein d'autres trucs aussi. Il faudrait laisser les joueurs faire ce qu'ils veulent, ne pas compter les mains, faire les touches au pied, ça irait plus vite, et il faudrait réduire la durée des

matchs : Tonton, quand il regarde un match pendant deux heures, je ne peux plus utiliser la tablette, donc il faudrait des matchs d'une heure, c'est bien.

Et le jeu Fifa, il faut qu'ils arrêtent de donner des points en plus aux joueurs qui font la promo. Et puis, il faut changer le ballon, il fait trop mal. Mais le ballon en mousse, quand il pleut, il est trop lourd… Le dernier, dernier truc : faudrait changer les maillots. Les maillots de foot, ça pue tout le temps. Faudrait des débardeurs, comme ça, les mecs et les filles pourraient les mettre. Et ça permettrait de voir les muscles !

IDÉE TATANE

50

NE PLUS EXCLURE UN JOUEUR OU UNE JOUEUSE QUI CONTESTE TROP SOUVENT UNE DÉCISION DE L'ARBITRE, MAIS LE / LA FAIRE REMPLACER.

LES IDÉES AUXQUELLES VOUS AVEZ ÉCHAPPÉ

GAGNER AVEC LA DOULEUR, par Yoann Gourcuff, footballeur
INTERDIRE LES TACLES ASSASSINS, par Robert Badinter, ancien garde des Sceaux
REFUSER LA MONTÉE SPORTIVE, par le président du Poirée-sur-Vie
BOUFFER LA FEUILLE DE MATCH, par Hélène Darroze, top chef
FUIR LE VENTRE MOU, par Nicolas Dieuze, joueur qui monte et qui descend
VOIR LE SPORTIF DOPÉ COMME UNE VICTIME, par Jean-François Larios
ÊTRE UN JOUEUR SOLITAIRE, par Olivier de Kersauson, navigateur
AUTORISER LES ANIMAUX DANS LES STADES, par Michel Drucker
REDESSINER LES LIGNES DU TERRAIN DE FOOT, par Priscilla Monge
ÊTRE UN BON AGENT DE JOUEUR SANS ÊTRE AGENT IMMOBILIER, par Stéphane Plaza
DONNER 1 % DE SON SALAIRE À UNE ASSOCIATION, par Juan Mata et Common Goal
PERCER LA BULLE SPÉCULATIVE DES TRANSFERTS, par Thomas Piketty
JOUER AU FOOTBALL AILLEURS QUE SUR UN BILLARD, par Sabrilla Brunet, championne de billard
SORTIR DE SON COULOIR, par Muriel Hurtis, athlète
BIEN RÉALISER UN CAFÉ CRÈME, par Gloria Montenegro, torréfacteur
APPRENDRE À AIMER L'ODEUR DE LA DÉFAITE, par un nez
BIEN MAÎTRISER LE COUP DU FOULARD, par Ines de la Fressange, styliste
JOUER AU FOOT EN FAISANT LA TÊTE, par Jérémy Ménez, footballeur
POSER LES BONNES QUESTIONS AUX FOOTBALLEURS, par Julien Lepers, animateur
FAIRE CHOISIR LA MASCOTTE PAR LES ULTRAS, par une mascotte
INVENTER UN SYSTÈME DE JEU RÉVOLUTIONNAIRE, par Olivier Besancenot, militant
REMPLACER LES PENALTYS PAR UN TIRAGE AU SORT, par Jean-Pierre Foucault, présentateur TV
METTRE EN PLACE UN SYSTÈME DE REMPLACEMENTS ILLIMITÉ, par Lionel Jospin, ancien Premier ministre
ACCEPTER QUE LA MARSEILLAISE « C PAS #THEVOICE », par Nikos Aliagas

TABLE

RÊVER EN RÉALISTES : POUR QUE LE FOOTBALL RESTE UN JEU 3
TATANE 5
LE MANIFESTE (EXTRAITS) 6

LES IDÉES
PASSER ET ENCORE PASSER, par Vikash Dhorasoo 8
IMPROVISER LE FOOTBALL, par Julien Cazarre 10
SAUVER LES NUMÉROS 10, par Franck Annese 12
DIRIGER UN CLUB DE FOOTBALL AUTREMENT QU'AVEC SES COUILLES, par Pauline Gamerre 14
SE RÉCONCILIER AVEC LA MISE AU VERRE, par Sidney Govou 16
ARBITRER AVEC LE SOURIRE, par Clément Turpin 18
S'ENTRAÎNER AVEC LES FILLES, par Gaëtane Thiney 20
SUPPORTER DEBOUT, par l'Association nationale des supporters (ANS) 22
ÊTRE FOOTBALLEUR, C'EST UN MÉTIER, par Nathalie Iannetta 24
PRÉFÉRER L'AMOUR À DISTANCE, par Ludovic Lestrelin 27
DONNER AUX SUPPORTERS LE BALLON TOMBÉ EN TRIBUNES, par Mélissa Mayeux 30
VIVRE PLUSIEURS VIES DANS LE FOOTBALL, par Pape Diouf 32
PAYER AUTANT LES FEMMES QUE LES HOMMES EN SÉLECTION NATIONALE, par Maren Mjelde 34
CRÉER OU REPRENDRE UN CLUB AVANT D'ÊTRE UN VIEUX CON, par l'Excelsior Cuvry 36
CONSIDÉRER LES TIFOS COMME DES ŒUVRES D'ART, par Ernest Pignon-Ernest 38
RECONNAÎTRE LE RÔLE DU BÉNÉVOLE DANS LES CLUBS, par Maud Corso 41
NE SORTIR LE CHAMPAGNE QU'EN CAS DE DÉFAITE, par la Fédération française de la lose 44
ARRÊTER DE CROIRE QUE LES FILLES NE COMPRENNENT RIEN AU HORS-JEU, par Felicia Pennant 46
PARLER AVEC UN SPORTIF DANS SA LANGUE NATALE, par Anne-Laure Bonnet 48
JOUER EN ARRIÈRE POUR ALLER DE L'AVANT, par Gaëlle Mignot 50
FILMER LES MATCHS DE FOOT AVEC LES 22 JOUEURS DANS LE CHAMP, par Bertrand Bonello 52
GALVANISER PAR LES MOTS, par Bertrand Périer 54
FAIRE DU STADE DE FOOTBALL UN VRAI LIEU DE VIE, par Grégoire Potton 56
RÉINVENTER LES COMMENTAIRES DE MATCH, par Vincent Duluc 58
ÉDUQUER PLUTÔT QUE DIRIGER, par Raymond Domenech 61
JOUER AVEC DEUX BALLONS, par Rudy Ricciotti 64

PENSER « NOUS » PLUTÔT QUE « JE », par Jean-Marc Furlan 66
VOIR LE JEU AVEC UN ŒIL NEUF, par Jimmy Adjovi-Boco 68
SAUVER SON CLUB AU MOINS UNE FOIS DANS SA VIE, par Ben Hayes 71
APPRENDRE À S'ENNUYER DEVANT UN MATCH, par Orelsan 74
BIEN MAÎTRISER L'ART DU COUP DE PIED, par Laurence Fischer 76
UTILISER LES RÉSEAUX SOCIAUX POUR SON PLAISIR PLUTÔT QUE POUR FAIRE CARRIÈRE, par Pierre Bouby 79
SE METTRE DANS LA TÊTE D'UN ATTAQUANT, par Steve Mandanda 82
JOUER AU FOOT ET SE FOUTRE DE SON IMAGE, par Rodéric Filippi 84
ACCEPTER LA MAGIE DU FOOTBALL, par Kamel le Magicien 86
DÉMOCRATISER LES CLUBS PROFESSIONNELS DANS LE FOOTBALL FÉMININ, par Laura Georges 88
PUBLIER LA FÉDÉRATION DE FOOT POUR LES NULS, par Charlotte Richard 90
VALORISER LE RÔLE DE LA FEMME DE JOUEUR, par Bérengère Outrebon 92
VALORISER LE BEAU JEU par Nicolas Kssis-Martov 94
RÉCONCILIER LES MILIEUX SOCIOCULTURELS PAR LE FOOT, par Mohamed El Khatib 96
APPRENDRE PAR LE FOOT, par Lise Weis 99
PRENDRE LA BONNE DÉCISION DEVANT LE BUT GRÂCE AU E-SPORT, par Bruce Grannec 102
RÉUNIR TOUS LES ACTEURS D'UN CLUB AUTOUR D'UNE COOPÉRATIVE, par Luc Dayan 104
NE PLUS METTRE LE NOM DES JOUEURS SUR LES MAILLOTS, par Marc Beaugé 106
CONSTRUIRE L'IDENTITÉ D'UN CLUB PAR SON HISTOIRE, par Jean-Pierre Blay 108
JOUER AU FOOTBALL SANS ENTRAÎNEUR, par Fernando Arrabal 110
CHANTER POUR SAUVER SON ÉQUIPE, par Benjamin Biolay 112
JOUER ET JOUER ENCORE, SANS CHERCHER À TROUVER UN SENS AU FOOTBALL, par Tristan Garcia 114
TOUJOURS PENSER « UTILE » QUAND ON EST UN CLUB DE FOOTBALL, par l'Internationale Soissonnaise 116
EN FINIR AVEC LES INJUSTICES DANS LE FOOT… OU ALORS VIVRE AVEC !, par Ismaël, Sickou, Mariama, Telly, Igor, Georges, Yacine et les jeunes du gymnase Berlemont de Belleville, à Paris 119

LES IDÉES AUXQUELLES VOUS AVEZ ÉCHAPPÉ 123
REMERCIEMENTS 126
LES INTERVIEWEURS 128

REMERCIEMENTS

Tous les formidables contributeurs du livre, l'historien Jean Durry, Aurélie Bresson et le magazine *Les Sportives*, José Manuel Gonçalves, Julie Sanerot et toutes les équipes du Centquatre, Jean-François Martins, Bruno Julliard, Théo Recoules, Marie-Laure Chérel, Olivier Gangnard, Lucie Le Gall, la Direction de la jeunesse et des sports de la Mairie de Paris, les mairies du Xe, XIe, XIIe, XIVe, XVe, XVIIe, XVIIIe, XIXe et XXe de la Ville de Paris, Liliane Capelle, l'équipe de développement local du XIe, les équipes, les enfants et les jeunes de l'EPJ et du gymnase Berlemont, le centre musical Fleury Goutte d'Or - Barbara, Maktoum Nhari et les équipes du Street de Beauchamp, meilleur Urban Foot du monde libre et tout premier à avoir accepté de proposer à ses joueurs de tester nos drôles de règles, Pénélope Bagieu, la FSGT, DJ Moox et Ricardo Bofill, DJ R-Ash, DJ Deska, Gilles Coronado, Benoît Forgeard, Pascale Clark, Sébastien Casenaz, l'association Gongle, Eunice Mangado-Lunetta et l'AFEV, Virginie Joalland et l'association Forum «Les débats» de Nancy, La Villette dont Anne Sanogo et Rébecca Bouillou, Le Carreau du Temple et ses équipes, la direction départementale de la cohésion sociale de Paris, Nathalie Pichard, Olivia Roman, Patrick Charron, la Direction de la jeunesse et des sports, Youssouf Mbae, Antoine Estève, Florent Voisin de la mairie du XIe arrondissement, Colombe Brossel et ses équipes, l'équipe de développement local Belleville-Amandiers, l'équipe de développement local Fontaine-au-Roi, Saliha Bedahane Berger, Hermann Corve, l'espace jeune Paris Belleville, Mickaël Vartuaroglu, Assa Soumaré, Sabrina Kehli, Idan, Asma, Move and Art, Pazapas Belleville, Bamba et Issa, Belleville en Vrai !, Belleville Citoyenne, Anaïs Aidara, Laurence Alliot, la mission prévention communication du XIe arrondissement, Aurélie, Cédric, Christophe, Coralie, Sandrine, le Théâtre de la Ville, le Théâtre de la Colline, toutes les équipes du spectacle *Stadium* et particulièrement

les supporters lensois, Benoît, George, Jaison, Yvette et sa famille, et tous les autres, le Théâtre de Belleville, le Local, Ombre en Lumière, Gabriel et Marion, tous les gens du quartier de l'Orillon, les jeunes, les moins jeunes, toutes et tous qui participent à nos activités, Belleville, le CASVP, Cathy Bréchard, Sophie Gallais et Didier Jolivet, les Résidences Seniors et tous leurs « Seigneurs » et « Seigneuresses » qui tapent le baby avec des jeunes tous les mercredis pour le titre suprême de champion du Papy-Foot, Cabourg Mon Amour, Alessia, Tim, Hugo et leurs élèves du collège République à Bobigny, Maxime et ses élèves du collège Béranger, le Théâtre Auditorium de Poitiers, Chantal, Jeunesse Feu Vert équipe Orillon, l'équipe de médiation Olga Spitzer du XIe, le centre social le Picoulet, le centre d'animation Victor Gelez, Erick Duthois et ses équipes, Paris Santé Nutrition, Hervé Marchon, Lucie Glinel, Thomas de l'association Korhom, la FSGT, So Press, Laura Coraboeuf, Romain Fournier, Sadette le Lyonnais, Nabil et Bilel le Portugais, l'Ufolep, Xavier Aubry, Djibrine Fall-Télémaque, William Guillaume et son championnat de foot mixte, et tout particulièrement les éducateurs Tatane, amoureux du ballon et qui transmettent la passion aux plus jeunes (et même aux plus vieux !), Brams Bathily, Faousi Chaouki, Kouassi Dje, Laetitia Duvey, Slim El Hedli, Nicolas Garcia, Jamila Ghazaly, Abou Gueye, Léo Guichard, Thomas Lecapitaine, Alyou Mane, Maou Mattoir, Chedi Meftah, Gad Messika, Julien Mitais, Rachid Nait Oufella, Steven Serreau, Kadi Seydi et Salimata Sylla... et une pensée pour William Landre...
Et surtout, surtout, toutes celles et tous ceux, tataneuses et tataneurs, qui se doivent d'être cités, que nous avons sûrement oubliés et qui peuvent prendre leur plus beau stylo pour écrire leur nom :

....

LES INTERVIEWEURS

Brice Bossavie : pour Clément Turpin, Orelsan, Bruce Grannec, Rodéric Filippi, Kamel le Magicien, Gaëtane Thiney, Mélissa Mayeux, Bérengère Outrebon, Felicia Pennant, Maren Mjelde, Pape Diouf, Fédération française de la lose, Franck Annese, Ernest Pignon-Ernest et Mohamed El-Khatib

Brieux Férot : pour Ben Hayes, Bertrand Bonello, Marc Beaugé, Charlotte Richard, Grégoire Potton, Vincent Duluc, Jimmy Adjovi-Bocco, Lise Weis, Fernando Arrabal, Rudy Ricciotti et Laurence Fischer

Brice Bossavie et Brieux Férot : pour Anne-Laure Bonnet et les jeunes de Belleville

Nicolas Ksiss-Martov, édité par Brieux Férot : pour Tristan Garcia

Brice Bossavie et Gautier Kertudo : pour Sidney Govou et Bérangère Outrebon

Gautier Kertudo : pour Nicolas Ksiss-Martov, Nathalie Lanetta, Luc Dayan, Pauline Gamerre, Gaëlle Mignot, l'Excelsior Cuvry, Maud Corso et l'Internationale Soissonnaise

Paul Cometto : pour l'ANS

Julie Deléant et Gautier Kertudo : pour Pierre Bouby et Jean-Pierre Blay

Vikash Dhorasoo : pour Julien Cazarre et Raymond Domenech

Brice Bossavie et Aurélie Bresson : pour Laura Georges

Gautier Kertudo et Brieux Férot : pour Bertrand Périer

Paul Cometto : pour Ludovic Lestrelin

Brice Bossavie et Vikash Dhorasoo : pour Benjamin Biolay

Brice Bossavie et Aina Randrianarijaona : pour Bruce Grannec

Brice Bossavie et Jeanne Lladeres : pour la Fédération française de la lose

AUTRES CONTRIBUTEURS

Benjamin Amalric, Maxence Brame, Bastien Gratacap, Léo Guichard, Tristan Guiglini, Gad Messika, Hugo Morel, Mathieu Pradel, Julien Redon...